地方の時代の引き継ぎ書

―神奈川から全国の公務員のために―

野沢　俊

Takashi Nozawa

湘南社

はじめに

平成二六年三月で神奈川県を退職して新たな道を歩み始めたが、「地方の時代」を提唱している県に意気を感じて入庁してから、退職するまでの三七年間の仕事、歩みを書き記した。

昭和五二年四月に神奈川県に就職して以来、時代の変遷とともにさまざまな業務を経験してきた。今まで、9・11テロの際に皇太子をお招きしてのロボット大会の開催、地方財政再建が全国的に問題となったなかでの第三セクターの売却、不法投棄や不正な残土処分への対策、東日本大震災の際での災害支援、さらに直近では公契約条例の検討などを経験してきた。担当した分野は、人事、国際政策、科学技術、スポーツ、廃棄物対策、会計とそれぞれ脈絡がないような広範囲となった。仕事には正面から取り組んできたつもりだが、そのなかで多くの失敗や苦難があった。しかし、若い時には上司や先輩、管理職になってからは部下たち、それと多くの専門家の方々に助けられ、何とか乗り越えてきたと思っている。

仕事については、組織でそのノウハウを継承していくことが重要であると思い、三七年間職場が異動するたびに、仕事のポイントや課題への対応等について、詳細な引き継ぎ書を作成し、後任者に引き継いできた。また、仕事の成果がまとまると「地方財政」「公営企業」（いずれも一般財団法人地方財務協会編集）などの雑誌に発表してきた。組織・事業は継続してゆくものであり、自分が苦労して得たノウハウは次代へ是非、役立ててもらいたいと思った。この本はその集大成として、自治体の仕事に少しでも役立てばと思い、取り組んできた仕事の総括として作成した。神奈川県の職員のみならず、全国の公務員、特に日々、苦労を重ねている若手の自治体職員に送る引き継ぎ書である。

地方においては災害に備え住民を守り、少子高齢化のなかで、福祉行政に尽力し住民の生活を支えるなど、地方公務員はその役割が増しているが、その処遇は厳しさを増している。災害などが発生した場合に分かるように、実際に地域・住民のために身を尽くしているのは何より地元の公務員であると思う。市民の方々にも、実際の地方公務員の考えや行動が少しでも分かっていただければと思う。そうした意味で、日ごろ、目立つことなく、地道に尽力している地方公務員に対する応援の意味もある。

また、長洲知事が提唱した地方の時代を実践しようとしたものとして、現在の地方自治についても、その動向と考えを若干まとめてみた。自分の働いた時代は、事務が電卓の時代から、一人一台のパソコン、さらなるＩＣＴ化と大きく革命的に変わった時代でもある。

私にとっては三七年間の総結集であるが、お読みいただく方々に、これからの仕事、生き方に何らかの参考としてもらえればと思う。構成は、年代を追ってそれぞれの業務について記載し、そのなかで、地方の行政のエポックやノウハウのほか、神奈川や横浜の魅力についても記した。それぞれ、関心のあるところを気楽にお読みいただければと思う。

地方の時代の引き継ぎ書 ✣ 目次

第1章　私の公務員生活

1　若干の生い立ち―何故か、神奈川県へ―

私は、昭和二八年に横浜で生まれ、ずっと横浜で育ち、小学校の頃には、市の中心部の西区掃部山《かもんやま》公園の近くに住んでいた。兄弟は姉二人、妹四人、長男の私と弟の八人の大家族である。いわゆる貧乏人の子沢山の家庭であった。父は中途採用で朝日放送に勤務しベトナム戦争の取材などにも行っており、家で酒を飲むと星飛雄馬の親父ではないが卓袱台をひっくり返すようなこともあり、母や子供たちを困らせた。住居は集合住宅、つまり長屋であった。掃部山公園は横浜開港の祖、井伊《いい》掃部頭直弼《かもんのかみなおすけ》の銅像が港を見下ろしており、町中でも緑が多く池もあった。また、近くには伊勢山皇大神宮や野毛山公園もあり、遊び場には事欠かず、近くの子とともに、野山や空き地で虫を捕まえたり、ドングリを拾ったり、泥んこになって遊んだ。

小学校は、地元の本町小学校で、ここは横浜市の中でも伝統を誇る名門校であった。そのため、児童には野毛商店街の跡取り息子・娘とともに、学区外から優秀な子供たちも集まってきた。こうした中に、私のような下町の子供が混ざっていた。あまりの生活のレベルに驚くことが多かった。今の時代には考えられないが、小学校一年の担任の先生はクラスメートの家庭教師をやっていた。我が家は、子供が多く食事も大皿で奪いあうような暮らしであり、学校に行くとおいしい給食が腹いっぱい食べられることが楽しみであった。裕福な友達の家に行くと誕生日に、店にあるようなおでんの鍋がそのまま出てきたり、また、おやつに食べたことのないようなショートケーキが出てきて生活の違いに驚かされた。

小学生高学年になると、野毛商店街や越境の子供たちは、一斉に中学受験にいそしんだ。クラスの半分近くが栄光や聖光、慶應義塾や麻布などの進学校を目指した。こちらも、お坊ちゃんに負けるかと勉強に励んだ。我が家は勉強部屋どころか、自分用の机もなく、自宅ではおぜんの上で勉強した。幸い近くには、県立図書館や県立青少年会館の自習室があり、それらを利用させてもらった。小学校六年のクラスの担任は、自分のポケットマネーでためしに能率の模試を受けるよう進めてくれ、受けたところ非常に好成績であった。しかし、当然、私立などに行く余裕はなく、地元の公立の吉田中学校に進んだ。

中学校は、横浜で一番の繁華街伊勢佐木町の裏手にある学校で、周囲の環境もあってか生徒はみんな坊主頭と決められていた。休み時間は三度ぶつけなどで、体の強いものも弱いものも一緒に泥まみれになって遊んだが、今と違っていじめなどもなく強いものは弱いものをいたわるルールは自然にできていた。学校生活は、神奈川方式とかで、学校の成績や二年のア・テストの成績などで高校が決まるため、常に高校受験が気にかかっていた。

高校受験は私立を受けず、公立一本という冒険を強いられたが、どうにか、県立横浜翠嵐《すいらん》高校に進学できた。自分の高校入学した昭和四三年は、ちょうど学園紛争が県内に広まった時期であり、高校一年では通常の授業は行われず、全校集会が頻繁に行われた。これ幸いと高橋和巳や北杜夫などの本を読んだり、クラスメートと語り合ったり楽しいひと時をすごした。三年生の夏休みに、友人たちと長野県の清内路の学生村に行き、勉強はさておき、毎晩、宴会の日々を過ごしたのも良い思い出である。あっという間に、大学受験となり、家庭の経済状況もあり、授業料の安い国立公立に絞り、にわかに準備した。当時、私立の授業料が年間で数十万円なのに対し、国立の授業料は月に３０００円であった。しかし、準備も時すでに遅くあえなく浪人した。

翌年も国立と公立に絞って受験し、昭和四八年に一橋大学に滑り込んだ。

大学では、学部は法学部でゼミは杉原康雄教授から憲法を学んだ。大学三年まではクラブ（将

掃部山周辺

棋部）活動に勤しんだり、近くの奥多摩などをハイキングしたりのんびりした。三年も残り少なくなり、就職時期をむかえ、慌てて進路を考えた。当時、多くの公害訴訟や、丸紅ロッキード事件などがおこり、企業の社会的な責任が問題となっていた。大学は民間の大企業志向が強かったが、営利企業に行く気はせず、少しでも社会貢献ということで、公務員となることにした。特に当時は、公害問題、環境問題、基地問題でも中央政府に対し、先進的な自治体が優れた政策を展開していた。その中心にあったのが、横浜市の飛鳥田市長であり、神奈川県の長洲知事であった。そこで子供のころからの縁もあり、神奈川県を受験した。当時、不況で公務員人気が高く、上級（大卒程度）は一二八七人が受験して採用八一人（倍率15・9倍）と競争率は非常に高かったが、無事に合格した。

なお、何事も人生経験と思い、将棋部の主将と一緒に三井物産や、当時話題となっていた丸紅、人気のあったサントリーに会社訪問をした。友人はそのまま丸紅に就職し、私も三井物産から感触を得たが、公務員志望と言って断った。その後の自分の仕事ぶりを見るとどう見ても役所向きというよりも商社マン向きでないかと思う。進路が違えばどんな人生であったか。将棋の世界でいうと「それも、また一局」ということかなと思う。

2　地方の時代の最前線に

（1）市町村課（昭和五二年四月〜五五年八月）

①最初の洗礼

昭和五二年四月一日に神奈川県に採用となった。四月一日に、辞令を憧れていた長洲一二知事よりいただき、配属先は総務部市町村課であった。市町村課は今まで地方課と呼ばれていいたのが、改称されたもので、市町村行政を担う課である。今まで、国、県、市町村という階層のなかで、国の意向を受けた指導監督を市町村主体の行政に変えていこうとする、長洲県政の象徴的な課であった。しかし、まだ、過渡期であり、課長は自治省からの職員であった。

職員は五〇名以上で、行政、財政、企画など七つの係に分かれ、職員もこの道一〇年以上という職員が多く、伝統のある課であった。採用初日、仕事が終わると、筆頭の課長補佐から係長、先輩職員とともに、夜の街、野毛へ繰り出した。そこで、緊張の中で酒を散々飲まされた。店を転々として、深夜になんとか自宅にたどり着いた。翌朝、気が付いたら、辞令を入れた筒をなくしていた。幸い、さすがに辞令であり、所属も名前もはっきりしており、最寄りの駅に届けられていたが、初日から、えらい失敗であった。

初めての所属は、組織と職員の迫力に押され、緊張を強いられる所であった。異動のある六月までということで、財政第一係という交付税や補助金を扱う係に配属されたが、仕事は当面は規定集と与えられた資料を読むことと、先輩の仕事のサポートであった。午後五時まで長い時間を過ごしたが、それから先が更に長かった。

昼と夜のダブルヘッダーという生活がひと月くらい続いた。おもしろいことに、夜の飲み会でも、席の座りは昼と同じであり、はるかかなたに筆頭の課長補佐や係長が鎮座し、口を利くなど恐れ多いことであった。

神奈川県庁本庁舎

ひと月半ほどすると、組織替えがあり、市町村課は総務部から企画部に変更され、それに合わせて人事異動が行われ、自分も財政一係から税政係に異動となった。そこは、人数も少なく、比較的、家庭的で、組織の緊張感から逃れることができた。仕事は、それぞれ税目毎に分担され、自分は固定資産税の償却資産を主に担当した。税は規定が細かく、地方税法や規則、条例など、多くの規定があり、中には、一条で一ページ以上の条文もあり、何を読んでいるのか途中でわからなくなった。具体的な仕事としては、市町村からの質問に答えたり、国の調査を市町村に照会しまとめたりすることであった。特に電話による照会が多かったが、聞かれてもわからないことだらけで、こっちが聞きたいくらいであったが、先輩職員に聞いたり、過去の応答を調べたりして何とかこなしていった。

慣れてくると、一年生のくせに生意気になってきた。ある日、市町村からと思われる電話があり、対象物が課税か非課税か聞いてきた。こちらは、その前に何度も回答しているものだから、ぞんざいに「そんなの課税にきまっているでしょう」と答えたら、それは市町村の職員でなく、住民からの電話であった。

しばらくすると秘書課から、抗議の住民が知事に会わせろと要求していると言ってきた。とんでもない事態となったが、上司は平然と秘書課に事情を説明し、その場を収めてくれた。その後、特に上司から注意をされることもなかった。それから、誰に対しても同じように丁寧に対応しなければと反省した。

②選挙事務

秋の市町村職員への研修会は、大きなイベントであった。県下の37市町村の税務担当職員にそれぞれの税目について、二時間程度の研修を行うものであるが、その前の二か月間はそのための勉強に強いられた。税の何だかが十分に分からない新米が、現場で何年もやっている市町村職員に研修を行うのである。税の基本書や、事例集などを何度も読んで勉強に勤しんだ。そして、一一月の中旬に公務研修所で研修を行った。内容は拙いものであり、どれだけ市町村の職員に役立ったか疑問であるが、それが終わると、大きな解放感をさわやかな秋の空気のなかで味わったものである。

市町村課全体の一大イベントとしては、選挙事務があった。選挙が始まると市町村課員は選挙管理委員会書記を兼ね、それぞれの分担について、選挙事務に専念するのである。昭和五二年六月に参議院選挙があったが、選挙の啓発を担当し、ポスターや啓発物品の作成、啓発パレードを実施した。他の担当と違って、選挙の効力に影響する心配もなく、比較的、楽しくできる分担であったが、その業務は集中し、日程的に厳しかった。そのメーンともいえるのが、啓発のパレードで、一番の繁華街の伊勢佐木町で実施した。選挙管理委員会のお偉方やミス横浜、警察や女子高校のブラスバンド隊、地元のプロ野球チームである大洋ホエールズの選手が街頭でチラシを配ったり投票を呼び掛けた。土曜日の人ごみの商店街で華やかに無事に終了した。終了後、近くの「大学院」という老舗の喫茶店で一息ついていると、隣の席に若いアベックがおり、その体格の良い男性が「今、伊勢佐木町でチンドン屋みたいな事をやらされた」と彼女に話していた。いくらなんでもチンドン屋はないだろうと思った。どこで誰が聞いているかわからないものである。

また、選挙は、課内の職員の交流を深めた。普段はそれぞれの係で独立し、あまり他の係の人と接触することはなかったが、選挙になると選挙係員がそれぞれの係に配属され、全体の調整を行ったり、また、それぞれの仕事を手伝って、交流が図れた。選挙係は選挙に専従しており、選挙期間は三か月間以上、土日もなく、業務についていた。こうしたことから、独身者が多くいたが、世の中はうまくしたもので、選挙になるとアルバイトに妙齢の女性が雇われ、華のない職場を明るくしてくれた。そして、選挙が終わると、そのたびに選挙係の職員とカップルが誕生していた。うまい人事政策だと感心したものである。

交流といえば、市町村課はスポーツが盛んなところであった。昼休みには、県庁前の日本大通りでバレーボールに興じたり、半ドンの土曜日には近くの体育館でバドミントンの練習を行った。当時、管理課に国体出場した、大変魅力的な女子職員がおり、いいようにあしらわれたものである。また、ランニングも盛んで、当時、行われた県民一万人マラソン（5キロ）に課で何人も参加した。当時の選挙係の四〇才代の課長補佐の方がタイムが良く、悔しい思いをしたものである。これがきっかけとなり今もランニングは続けている。

仕事は二年目、三年目に固定資産税の土地を担当し、三年に一回の土地の評価替えを経験した。土地の評価は、土地の公示価格や相続税の評価額を基準として、市町村が行うが、団体によって水準が異なりその調整を県で行っていた。これは、納税者の税負担に直接かかわり、市町村の税収にも大きな影響を及ぼすもので、市町村間の調整はなかなか難しいものがあった。県内には、鎌倉市や箱根町のように財源が豊富な団体もあったが、財政基盤の弱い団体にとっては、三年間の税収にかかわる大きな問題であった。重要な調整は上司が行ったが、大変面白くまた良い経験になった。

そして、昭和五五年六月になり、衆参同時選挙が行われた。これは、いままで、あまり明確な語りでなかった大平首相が政党の争いで急に能弁になったかと思ったら、急に亡くなってしまった。そこで、参議院選挙と衆議院選挙が急きょ、同時に行われたものである。参議院の準備はしていたが、突如、衆議院が加わり、現場は大いにとまどった。その際、選挙を指揮する飯島課長補佐は、決まった日に職員を定時に帰宅させ、翌日からの激務に備えさせた。これは指揮官として、優れた判断だと感心したものである。何か、予想外のことが起こった時に、まず、冷静に足元を固めてと思うが、この時のことが教訓となっている。

翌日からの選挙業務は熾烈を極めた。今まで取り組んできた参議院の業務に衆議院が加わり、その区分けをしつつ、短期間に正確に事務を進めなければならなかった。覚えているのは、二日ほど徹夜をした選挙の開票日の朝、開票場の議会大会議場で結果を待っていた時に、選挙結果のシートが白紙で打ち出されたことである。担当の選挙係と電算課の職員の怒鳴り声が会場に響き渡ったが、こちらは眠気のなかで、ぼんやり聞いていた。その日の開票事務は、何かしゃべらないと意識がなくなってしまうような状態であった。こうして、昭和五五年六月二二日の同時選挙は終わった。

③新採生活

仕事を離れては、若手職員で地方自治の研究会を行っていた。昭和五一年、五二年採用の若手職員を中心に、先進的な施策地方自治をめぐる問題について勉強した。毎週一回、宮本憲一の「財政改革」や田村明の「都市を計画する」、さらには外国の自治制度についての本や論文を読んだりした。もっとも、終わってからの居酒屋での情報交換や、休みの山登りなどの方が記憶には残っている。

また、同期の友人と毎週のように野毛に繰り出し、仕事や上司のこと、気になる異性のことなどを、何軒もの店を梯子しながら語り合った。よく夜遅くまで同期で飲み明かしたものであった。一度、帰りに桜木町のホームで友人が忽然と消え、よく見たらホームに落ちていたことがあった。すぐに自分と駅員がホームに降り、飲み潰れた重い体を引き上げた。反対側のホームにはちょうど電車が到着したがこちら側であったらえらいことになったところだった。友人は一日入院で済み、私は友人の父親から有名な「わかな」で鰻をごちそうになった。ともかく野毛には安くてうまい店が多く、金のない公務員にとっては、オアシスのようであった。

市町村課での三年あまりの期間で、多くの個性的な魅力的な人と出会えた。なかには、県の幹部になった人も多く、その後の仕事のなかでも影響も受けた。おそらく、理屈ばかり実力もなく不器用な自分をもてあましていたと思うが、辛抱強く見守ってくれていたと思う。最初の配属先である税政係の米山さん、近内さん、武本さんの先輩方とは、今でも年に一回、掃部山での花見を続け、元気な姿をみせてくれる。いつまでも自分が新採のように扱われるのが少ししゃくではある。

◆コラム1　歴代知事について

県庁生活三七年間で、長洲知事（5期）から始まり、岡崎知事（2期）、松沢知事（2期）、そして現職の黒岩知事と四人の知事に仕えることになった。

もちろん、若手のころは、知事ははるか遠くから仰ぎ見る存在であり、エピソードも何もないのであるが、それぞれの知事の印象や仕事の方針について、触れてみたい。

まず、長洲知事（在職昭和五一年から平成八年、在職5期20年）である。横浜国立大学教授から革新知事として転身した、言わずと知れた有名な知事である。自分が県庁に入庁したのも、長洲知事の影響が大きい。ともかく、情報公開、民際外交、行政の文化化など今迄の地方行政にはない先進的な施策と、地方の時代という国政をも引っ張っていくような理念を実践していった知事であった。全国的にも神奈川県の行政は注目され、先進県として職員も誇りを持てた。長洲知事の人気は高く、国の官僚にも長洲知事は信頼が厚かった。

さまざまな行政が新たに取り組まれたが、在位が長くなると、切れ味が鈍ってきたのは否めない。自分は昭和六三年の人事課の時に、人事異動の終了した時の宴会に知事が出席し、その姿を拝見することができた。その時の知事は、女性職員とデュエットを楽しそうにしていた。雲の上の存在であったのが、いやに身近に感じたものである。また、5期目のメーンテーマとして、人材育成・組織革新は全庁的に取り組まれたもので、マンネリ打破の意味もあった。5期目になると、側近行政とか、ワンマンとかマイナス面が強調されるようになった。職員の中にも、マンネリズムが発生し、中身の検討よりもネーミングや打ち出し方の方を重視するようになった。

長洲知事は退任後、平成一一年に亡くなられたが、ちょうど、自分は秘書室に在籍し、県民葬の一端を担わせていただけた。少しでもお返しができるということで光栄であった。また、長洲知事の教え子であり、名参謀であった宮森副知事も、退職後わずかでこの世を去ったが、スケールも大きく懐の深い、名副知事であった。

次の岡崎知事は、大蔵官僚のＯＢであり、ちょうど、財政の危機を迎えていた本県にとって、好都合であったのかもしれない。「増分主義」や「身の丈に合った財政」など、背伸びをしない実務的な行政運営を行った。自分は、秘書課調査班の課長代理の時に身近に触れさせていただいた。議会の勉強会などでは、若手職員の説明を楽しんでいるように聞かれ、しかし、ポイントは実に素早く、的確につかまれていた。長身で、普段は温厚であるが、間違ったことには厳しく、幹部職員には恐れられていた。あまりにも県政の方向は堅実的で、財政緊縮ばかりやっているようで、地方の時代に入庁した自分にとっては、面白味はなかった。ただし、環境に対する認識は高く、県の最終処分場が行き詰まった時に前に進んだのは、知事の自治会への手紙によるところが大きかった。また、自身にも厳しい人であり、公私の別を明確にし、身ぎれいさは秘書課でも有名であった。自分にとっては、議会や記者発表の打ち合わせの時の、打ち解けたやさしい笑顔が印象に残っている知事である。

次は、松沢知事であった。松沢知事は松下政経塾の出身で県議会、国会議員からの転身であり、明るいキャラクターでマニフェストの作成とか、先進的な目立つことを好まれた。まだ、若く、政界との中でもまれてきたせいか、議会ともよくぶつかった。また、当時、特別職であった出納長を一般職にする地方自治法の改正を全国に向け提唱したが、庁内の女性登用の筆頭であった当時の出納長の退職を巡って対立したりした。

自分は、スポーツ課長の時に知事と接点を持たせていただいたが、スポーツ好きで、非常に前向きの若々しい知事であった。急に電話で呼び出されたりして驚くことがあった。知事にはスポーツイベントの開催などについて、思ったことを述べることができた。明るいスポーツマンでラグビーが好きであった。一度、湘南海岸のゴミ拾いのイベントに参加していただいたときには、急に海岸で泳ぎ始めてしまって驚かされた。すぐに泳ぎの達者な若手職員にサポートさせ安全を期した。

平成二三年、次の知事選に立候補が見込まれたが、残念ながら、東京都知事選に立候補するということで、2期で県知事から降りてしまった。その辞め方は、賛否があったが、任期途中で退職した同じ松下政経塾の中田横浜市長よりも筋が通っており、庁内の人望も横浜市長よりもはるかに高かった。

最後は、黒岩知事（平成二三年四月～）である。ご存じの通りニュースキャスターからの転身であり、スマートで交際範囲の広い知事である。着任直前に3・11の東日本大震災が発生し、知事は迅速に太陽光発電の普及を推奨した。このほか、今までの経験を生かして、医療行政の改革や、観光行政を積極的に展開している。

自分は、県土整備局、会計局時代に幾度となく触れさせていただいた。積極的にア

神奈川マラソン　黒岩知事と
（前列右から３人目 黒岩知事、左から３人目 筆者）

イデアを提唱し、良いことは素晴らしいと褒めてくれ、課題があるとはっきりとスピーディーな改善を求められた。そういう意味では、回転が速く民間企業の雰囲気をもった知事であった。知事の推奨した「リバースオークション」や「会計の見える化」などで微力ながら、かかわらせていただいた。その反応は早く、やりがいのある知事であった。できれば、もっと政策的事業的なポジションで知事を支えることができたらと思ったが、何らかの貢献はできたのではないかと思う。また、知事はスポーツにも熱心で、スキューバダイビングや、ランニングもやられている。県内のマラソン大会にも参加しており、自分も、一緒に神奈川マラソンや三浦マラソンに参加させていただき、ランニングのあとはランナー仲間とともにうまいビールを飲み、楽しいひと時も過ごさせていただいた。

こうしてみると、歴代の知事は大学教授、官僚、政治家、マスコミとそれぞれ出身が異なる知事であり、時代の動きとも連動していると思う。それぞれ、スケールが大きく、人間味にあふれた知事であり、その人柄に触れ、仕事のやりがいを感じ、大いに啓蒙されたものである。また、一定の職員だけを重用したり、派閥を作ったりすることもなく、仕事に邁進することができたと思っている。

（2）県央地区行政センター（昭和五五年八月〜五七年五月）

初めての異動先は、県の中央部、厚木市にある県央地区行政センター県民部県民課であった。センターの所管は、厚木市、相模原市、海老名市、大和市、座間市、清川村で、仕事は広報・広聴関係や県民相談、県民運動である。新採の本庁採用者は、二か所目は出先配置であるので、予想された出先であるが、通勤には二時間程度の時間を要した。

職場には一〇名ほど常勤職員がおり、二か所の消費生活課と厚木、大和、相模原の県民相談室に非常勤の相談員がいた。職員は、本庁と違って、経歴・能力がまちまちであった。本庁はある意味で、粒がそろっており、そんなに個人的な仕事の実力差は感じられなかったが、こちらはまさにさまざまであった。部長と課長はさすがに、人物的、仕事の面でもしっかりしていたが、先輩職員は個性的な人が多かった。型通りのことを紋切型にしかやらないまさに役人の典型といった上司、また、同僚には、家庭中心で仕事は二の次という女性職員、十分な文章がかけない事務職に転用されて間もない職員もいた。一方、人情味があり人の面倒見のよい熊坂先輩や、中学卒にもかかわらず、広報の仕事や文章に卓越している女性職員の千島さんなど多士済々であった。特に千島さんは、知識も深く、仕事に関し所長や部長にも堂々と主張するとともに、部下の職員に細かい気を配ったり、本庁にはいない逸材であると感心させられた。

仕事は今までの市町村指導などといったしゃれたものでなく、相談室を回ってのご用聞きや、相談事業・広聴事業の補助的な仕事が多かった。自分も県民から相談を受けたり、県施設を見学する「県政に親しむつどい」というイベントを行ったり、直接、県民と接触する仕事ができた。県民からの反応が直接あり、そうしたときはやりがいも感じた。なお、本庁の県民課の佐伯さんは、県民相談などの仕事でお世話になったが温和な性格で、その後、県を退職し金沢区宝珠院の住職に専念された。そうした縁もあって、父が後年に亡くなった際には葬儀を行っていただいた。

今まで、地方自治制度や地方税法など理論的・体系的な机上の仕事であったのが、現場に出向く仕事となった。また、市町村とも指導などというえらそうなことでなく、一緒に汗を流す仕事となった。若いこともあり、真剣に仕事に取り組んだが、仕事の量はそれほどではなく、仕事の中身よりもむしろ内部の人間関係に気を使うような日々であった。仕事を終えると、部長や課長と職員が連れだって、厚木市内の当時からホルモン焼で有名な「酔笑苑」などの飲み屋に繰り出した。中には酒癖が悪く、なるべく顔を合わせない方が賢明な先輩職員もいて、場が荒れる時も多く、飲み会はスリルにとんでいた。

通勤も大変なこともあり、気分を転換する意味もあり、土曜日になるとリュック持参で通勤し、よく丹沢の山々や南アルプスなどを歩き回った。また、市町村課で始めたランニングも熱心に行うようになり、もっぱら体力を鍛えた。仕事は、長くやって熟練を要するような仕事ではなく、二年が終わったところで、異動を希望した。

3　こんな私が人事行政

（1）教職員課（昭和五七年六月～六二年五月）

①さっそく仕事の失敗

昭和五七年六月に新しい職場が教育庁管理部教職員課となった。係は人事第三係で課長補佐、係長、班員二名全部で四人の係であった。県内の教職員の服務や公務災害、懲戒等の処分を担当するセクションで、学校や教職員から恐れられている係である。辞令を受けるとすぐに係長が、一緒に異動した先輩職員と二人を別室に呼び、大変な仕事であり、自信をもってやってほしいと訓辞を垂れた。

自分の仕事は、小学校中学校の先生の公務災害の事務や、教職員の事故の調査、服務の研修などであった。県下の小中学校は横浜市、川崎市の政令市を除いても、三万人もおり、事務量は半端ではなかった。それに、教員が起こす交通事故やその他の不祥事の事故の調査が加わった。調査が終わると、課長補佐、係長を含めて四人で、その処分の案を作成し、それを幹部職員からなる人事考査会に諮り、さらにそれを教育委員会に諮って、教員の処分が決まった。三〇代前の若造が学校の先生の人生を変えてしまうような処分案に関与するのである。係の会議は民主的で、意見はそれぞれ述べ、いろいろな意見が出たところで、チーフである課長補佐がまとめていた。

仕事は多忙を極め、教員の事故が多発すると、案件をいくつも抱え、それに大量の書類が行き来する公務災害の認定やその支払である療養補償の請求が重なった。こうしたなかで、療養補償の請求が遅れることがたびたびとなった。ある日、所管する人事課のグループが療養補償の書類が遅れていることで教職員課に来たことがあった。月に何百枚もの書類が来るなかで、自分が担当する一枚の請求書が未処理で残ってしまい、医者からクレームがあったとのこと。人事課は、県庁の中では権威を誇り、そのメンバーが来ただけで、通常の管理職は気が動転してしまうところである。しかし、辻課長補佐は人事課をものともせず、この忙しいのに何をしに来たというような姿勢で対応し、自分のミスについて、言及することはなかった。一時は、けじめとして退職願でも出し責任を取らなければと思っていたのに大いに気が抜けるとともに、一枚の書類の怖さを知った。

②教員の不祥事

教職員課には、結局何やかんや五年間も在籍したが、その間、いくつもの大きな事件に遭遇した。

一つは、県立生田高校の体操着購入にからむ汚職事件であり、これは、体育の主任が大学の先輩である群馬県の体操着の業者からの注文を受け、その見返りに謝礼を受け取っていた事件である。発生したのが、ちょうど議会中であり、すぐに群馬県前橋市まで、教職員課の教員スタッフと、事実関係を把握するため出張した。帰りの新幹線のなかで、議会への報告書を作成し、当日の議会に報告した。この事件は公務員にとって、最も重い収賄事件であるとともに、主任が受け取った謝礼を体育課の職員の飲食に費消していたため、多くの関係者から事情を聴くこととなり、教育界を揺るがす大事件となった。

すると、時を同じくして、川崎市内の高等学校の体育教師が、地域の一帯で女性のアパートに侵入して、暴行を働くというとんでもない事件が発生した。犯人は採用間もない若手の体育教師であり、翌年に結婚を控えており、学校では生徒に慕われる模範的な教員であった。この事件も、何故、こんなことが起こるのか、教育委員会が総出で多数の関係者から聞き取りを行った。すると、この教員が銭湯に行った際に、当時の自販機でビニール本を買い、そのなかで、事件の手口が書かれていて、それに刺激されたとのことであった。

いずれの事件も教員は懲戒免職となり、学校長をはじめ多くの関係者が処分を受けた。

教職員課には、学校の先生が人事のスタッフとして在職していたが、こうしたなかに、母校の英語の教員であった野畑仁先生もいた。翠嵐高校では、英語の先生であったが、生徒指導の主任であり、バレーボールの顧問を行い、立派な体格で当時の映画俳優のチャールズ・ブロンソンを彷彿させた。いわば、強持てし雲の上のような先生であった。その先生が同じ職場となり、仕事もご一緒させてもらった。残業して不祥事案の報告など書いていると、「野沢、また、そんな下着がどうの書いているのか」などとからかってこられた。迫力もあり、一見こわそうであるが、教育に芯のある人間味あふれる先生であった。高体連の会長もやられ、その後、校長先生となって退職されたが、退職後間もなく亡くなられたのはとても残念であった。

また、高校一年と三年の時の担任の平賀輝夫先生には、教員の事件の関係でお会いすることとなった。当時、平賀先生が学校長として着任していた港北高校は荒れており、学校の運営に苦労していた。高校時代は、物理の担当でサッカーと生徒が好きな温厚な先生で、良き時代の旧制高校の雰囲気を持っている先生であった。高校時代に修学旅行で、自分が遅刻して現地に集合した時も、むやみに怒ることなく、温かく（？）迎えてくれた。また、浪人した後、志望校に合格すると何よりも喜んでくれた。先生の力になれればと思い、「困ったことがあったら、何でも言ってください」と言った。高校時代の恩返しが少しでもできればという気持ちであった。

こうして、高校時代に尊敬していた二人の先生に奇しくも再会し、少しは恩返しができたかと思っている。

まだ、人生経験も少なく、勝手な自分が職員の処分など大それた仕事をやることには、大きなプレッシャーがあった。仕事は大量の公務災害の書類整理と教員の事故関係の措置があり、時間的にも追われ、また、ストレスがたまる仕事であった。周囲の教職員課の他のメンバーは、仕事が終わるとカラオケだ、麻雀だと夜の街に繰り出していったが、こちらは、日々、職場と独身寮の往復の日々であった。毎日、深夜遅くに独身寮に帰宅となり、楽しみといえば、寝る前に飲むビールという生活であった。

当時、血気盛んなころであり体力にも自信があったが、飲み屋で顔見知りにからまれて表に出ろと言われても、公務員であり、特に教員の服務指導などの業務を担っており、喧嘩をするわけにはいかなかった。ある雨の日、残業で遅く帰宅した時に、新杉田駅で酔っぱらった若い会社員と肩が触れた。相手は、自分に殴りかかってきたが、相手になるわけにもいかず、まず、凶器になる傘を捨てて、ひたすら無抵抗で相手の攻撃をよけた。すると相手は抵抗がないものだから、かえって嵩に懸かって執拗に、胸を小突いたり腰のあたりに頭突きをしたりしてきた。自分のメガネが飛んだが、ちょうど、教員の暴力事案を担当しており、自ら手を出すわけにはいかず健脚を生かし、近くの交番にかけこんだ。その後、磯子警察署で事情を聴かれたが、相手は自分が頭突きをしたくせに、殴られ頭を怪我したといってきた。警察も最初は、反撃しないわけはないといぶかっていたが、結局、事案としては扱わず、朝の五時ごろに放免となった。仕事が仕事でなかったら、違う展開になっていたかもしれない。相手にはきちんと責任を取らせるべきと思い、後日、壊れたメガネを弁償させた。これで、以前より高級なドイツ製のメガネになった。

教職員課は、課の年中行事の秋の慰安会などは、泊まり込みで箱根や湯河原に宿を取り、徹底的に楽しんだ。教職員は普段は謹厳実直であるが、夜の宴会になると本性が出て、めちゃくちゃで面白かった。普段、県内の教員に畏敬の念で見られている教員スタッフも、宴会になると新採用の女性職員の高校の制服を着こんで、おなかを半分出しながら、「セーラー服と機関銃」を歌ったりしていた。五〇人を超える所帯であり、中には、部下を毎日のように怒鳴りつける班長がいたり、課の親睦会を我がもの顔で自分たちのために仕切ったりするものもおり、多士済々であった。しかし、何といっても課員も若手が多く、帰りに一緒にランニングをしたり、泊まりでテニスをしたり、刺激に富み楽しい時間を過ごした。

教職員課は、通常三年で異動するところ、五年の長きにわたった。

③テレビ出演と結婚

その間、プライベートでは、ＴＢＳテレビの「クイズ１００人に聞きました」という関口宏さんのやっている番組に姉や妹と出演した。この番組は、一〇〇人にアンケートを取り、その結果の多いものから当てていくというたわいのないクイズであるが、当時人気があった。五女の妹いづみが試しに応募したところ、連絡が来て、冗談半分に予選に出場したところ、一〇〇組のなかから予選を通過してしまった。珍しい大家族であることと保母をしている妹たちの明るいキャラクターが評価されたらしい。決勝は、自分の代わりに弟に出場してもらおうとしたが、メンバーは変えられないとのことであった。決勝の前は、仕事が重なり風邪をひいて寝込んでしまった。しかし、そこは負けず魂で、前日まで寝床でクイズの本を読んだりしていた。決勝は、対決方式で同じ大家族の台湾出身の方々であった。

　こちらは、次女の姉、妹三人と私の五人であり、職場のメンバーなども応援に来てくれていた。クイズはこちらが先行し、相手が追いつくというデットヒートであり、最後の質問は「夏目漱石といえば……」との質問途中で私が先にボタンを押し、まだ、熱でぼんやりしている頭で「赤シャツ」と答えた。これが正解で勝ち名乗りを上げた。殊勲大である。慣れないテレビでえらい目にあったが、賞金20万円とハワイ旅行三人の副賞を得た。賞金で家族そろって横浜中華街でお祝いをしたが、ハワイ旅行は勝利に貢献した私ではなく、何故か姉と妹たちが旅立った。

また、当時、山登りに凝り、自分と友人が引率して職員三〇人余りで白馬岳に登ったが、その際、一緒にいた女性（松沢令子）と結婚することになった。山が好きで、若い時から信州出身の人と結婚したいと思っていたが、彼女は長野県飯田市出身で、最初の職場が私と同じ市町村課であった。また、飯田市は高校時代に友人たちと、信州の清内路の学生村に行った際に立ち寄った街であり、何かと縁があった。

当時の上司の吉田紀課長代理は、野球やテニスがうまいスポーツマンで、おおらかな性格で職員にも人望があり、仲人をお願いした。式は昭和六〇年一〇月六日の予定であったが、ちょうどその年の八月一二日に日航機の墜落事故が発生した。その騒ぎが終わらないうちに、吉田さんの身内に大きな不幸が起こった。次女の娘さんが病気で急死したのであった。まだ、小学生の明るく可愛い子であった。このため、仲人は辞退され、急きょ、仲人を探すことになった。急な話なので、なかなかお願いすることは難しかった。結局、子供の時に、丹沢のキャンプなどに連れて行ってもらい、家族同士で交流のあった、県立青少年センターの守衛さんをしていた金子幸治さんにお願いすることになった。金子さんは急な依頼でも喜んで引き受けてくれた。金子さんには、男の子が二人いて、よく子供のころは家で行ったクリスマスなどに来ていた。我が家は貧しくとも、クリスマスとお正月にはご馳走にありつけたのだ。長男の金子宏君は、「ワタミ」の創業者渡邉美樹氏と同級生であり、現在、地元で居酒屋チェーン「かもん」

を経営している。

　こうして、何とか式をあげることができた。三二歳での決して早くない結婚であった。新居は、横浜市旭区二俣川の２ＤＫの世帯寮で古かったが、自分で壁塗りや床張りをして、それなりに自分の家らしくなった。

◆コラム２　国・県・市町村の職員の違い

　県にいると、国の職員、市町村の職員と接する機会が多い。

　国の職員は、主に市町村課や廃棄物行政の時に接することが多かった。自治省（現在、総務省）の職員は、専門的でさすがに説明を求めても明快で、頭の切れを感じた。自治省といっても都道府県から派遣されている職員も多かったが、キャリア組は課長補佐クラスが多く、重要な事項になると顔を出してきた。最初の職場の市町村課では若手のキャリアが多く派遣されてきたが、それぞれ原石であり、個性豊かな職員であった。自分と同時期に入庁した高橋正樹さんとは、県庁の同期とともにスキーに行ったり一緒に遊んだ。高橋さんは現在、岐阜県高山市長として活躍されている。

　国の職員に共通しているのは、やはり、自分たちが国や地方を支えているという気概を持っていることだと思う。廃棄物では環境省と接したが、課長や課長補佐の幹部は、何度も行って顔見知りになるとさまざまな情報を伝えてくれた。省庁も小ぶりのせいか、溶け込みやすい感じがした。省庁のなかには、地方というと机に脚を乗せたまま、応対するような態度の課長もいたが、ほとんどの仕事では誠意をもった対応を受けた。国といっても省庁によって異なると思うが、同じ公務員であり、そんなに違和感を覚えることは少なかった。

市町村は仕事のなかでは、県は常にかかわりをもつことになる。市町村の中でも、横浜市や川崎市などの政令市は組織の規模も大きく、職員も県職員と本質的に変わることはないと思った。ただし、市長の影響を県よりも大きく受けていると思う。職員によっては、今までの苦い経験からか県に対して一定の距離を置く職員もいたが、仕事や飲み会で何度も会う中で、互いにそんなに考えが異なるわけではないことを知る。横浜市は、さすが長い伝統をもつせいか、よく仕事が洗練されており、仕事に対しての自負を持っている。川崎市は、外国人施策であるとか、環境行政であるとか地元からのニーズをより濃厚に受けている感じがした。仕事ぶりは、県や横浜市に対しては一歩引いているようなところがある。

これに対し、一般の市町村は規模がそれほど大きくなく、役所も家庭的である。足柄上にいた時は市町村職員とよく仕事や飲み会もやったが、同じ市や町だけでなく、管内の市町村職員同士も昔からお互いに知っているような感じであった。住民に近く、何でもすぐに対応しなければならないせいか、考え方も非常に現実的であった。また、首長とも近く、その影響力も大きく身近な親分として首長をみている。逆に選挙などで首長が変わると一斉に幹部も交代するようなところがある。

県の職員は、国のような専門性はあまり持たず、さまざまな事業を総合的に行う、調整力が最も求められるせいか、一般の職員は極めて温和である。また、規模もある程度大きいため、組織の中で対応していこうとするが、ともすれば、仕事のなかみよりも内部の意思決定に時間がかかってしまう点もある。

また、大きな組織の弊害として、ともするとやたら派閥を作り、それを利用する人もいる。権力を持った課はギルド制ではないが、やたら先輩・後輩で繋がりたがる。大学の学閥こそないと思うが、有力課は絆を結び、また、有力高校の出身者でまとまりたがる。昔の懐かしさから親睦を深めるのは一向にかまわないが、これが仕事や職員の評価などにかかわるならば組織にとって弊害ともなる。

こうした国・県・市町村の職員はそれぞれ、規模や仕事の性格、住民との距離によって特徴が異なるが、立場を離れれば同じ公務員であり、忌憚なく話し合えば理解し合えるものだと思う。

（２）人事課（昭和六二年六月〜平成四年三月）

教職員課で五年して、ようやく人事異動となった。新たな所属は、意外なことに人事課であった。

人事課は、職員の最も関心の高い人事異動や昇格を所管する課であり、県庁内でも御三家として「人事、財政、市町」といわれるように、権限の強い課であった。そこに、人事課からにらまれていると思っていた自分が異動するのは、不思議な気がした。人事課内でも、人事異動を担当する人事班、給料や管理を担当する班、災害補償を担当する班、職員団体と交渉や勤務条件を担当する班とわかれていたが、その中核ともいうべき人事班に異動となった。教職員課で、服務や勤務条件を担当していたが、人事課では教職員課とは異なり、職員の人事異動を担当することになった。

①最初の試練

最初は、担当は衛生部の補助と健康審査会の事務などであった。衛生部は病院など三五〇〇人を超す大所帯で、採用、退職、育児休業などの人事異動の作業が多く、また、医師、看護婦、医療関係技術者など四〇を超える職種の給与管理など、事務が大量で複雑であった。その業務の副主任として主任を補助する仕事であった。気分的には、教職員課で五年も人事業務を行っており、いまさら、補助かという気持ちもあった。班員は全部で八人いたと思うが、それぞれが部を担当し、独立性が強く、今までのように同僚に仕事について聞いても、何か冷たく感じられた。最初の半年くらいは、やや疎外感を感じたものである。ここは、今までと違った、ある面、仲間であるとともに、部の担当同士、一方では張り合うライバルのようなところでもあった。

半年くらい経過してくるとその風土もわかってきた。仕事は補助で主体的な判断はできずおもしろくなかったが、当時、問題になっていた行方不明になってしまった職員の人事異動として、公示送達を行う方法などを新たに整理した。これは、人事異動の意思表示を、民法などに沿って、裁判所への掲示や官報への記載によって、本人に到達したものとするしくみである。県として、今まで、考え方が整理されていなかった。どうも、決められたルーチンワークよりも新しい取り組みの方が自分には合っているらしく、ひと月程度でまとめることができた。こうして、少しずつ班の仕事にも慣れていった。

県職員一万三〇〇〇人の人事異動は、職階ごとに人事班が行う。当時、所属長以上は課長・

副課長クラスを行い、課長代理、班長は班長クラス、人事担当は副主幹以下の一般職員と別れて作業を行った。職員の大多数は、人事担当が行うものであり、二月から三月にかけて、集中的に泊まり込みで作業を行った。人事異動は、それぞれの人事担当が必要とされる職場に各部の職員を推薦して、それを所管する部の担当が受けるというシステムになっていた。いわば、人の品評会で、良い人材を受けるものである。花形の人気のある職には多くの立候補があり、不人気な職は、逆にそれぞれの主任に職員を出すようにお願いするようになる。

②ハード事業のバックアップ

昭和六三年四月新たな事務分担となり、主任として初めて土木部、都市部を担当することになった。それに加えて、職員の三〇年表彰と外国人採用が加わった。所管する部は比較的オーソドックスであり、入門編であったが、初めて部を担当することになり、大いに意気込んだ。人事の情報は担当を通じて人事課に入り、昇任・昇格から、人事異動、職員の事故、採用から退職まで一義的に対応を図る。人事のヒアリングは所属にとっては昇格や異動にかかわる重要なことであり、そのヒアリングには、所属長や次長、副課長が出席し、たかだか三〇代の若手の人事職員に説明する。私は、急に権限を与えられ偉くなったような気になり、また失敗をしでかした。最初のヒアリング時、所属長からの相談された事項を直接、そのまま人事課長に電話連絡してしまったのである。当時の人事課長は県のなかでも雲の上の散在であり、当然、先輩職員や班長に相談してから、課長に話を持っていくのであるが、すっかり舞い上がってしまっていた。当時の課長はそれでも電話に出てくれたが、今思うと赤面の極みである。

昭和六三年はまだ、バブルのさなかであり、公共事業はうなぎのぼりに増加して、予算の急増に職員の体制が間に合わなかった。そうしたなかで、土木部の要請もあり、職員の採用の拡大を図った。今まで、休止していた初級の土木職の採用を再開し、出身の先輩職員を動員して、秋田県や青森県、本県の吉田島農林などの土木系の高校に受験を働きかけた。また、新たに県として造園職の採用を図ったりした。

さらに、土木の現場の執行体制をしっかりするために、用地職員の活性化を人事異動で図った。今まで、用地職員は事務職員のなかでも日陰の立場であり、あまり本庁では使えない職員とか、自動車運転から事務職に転換した職員などが多かった。この事務能力を向上し、公共事業の第一歩である、用地事務を強化しようとするものであった。具体的には、今まで上級採用の二か所目の配置先は、行政センターの企画調整部や、大きな病院の経理課、土木事務所の許認可指導課などであったのを、用地課に配置し、また本庁から昇格したような気鋭の職員を土木事務所用地課に配置するものであった。土木部と事前に相談し、部内で出先に配置する若手の中堅職員を選んだ。こうして、用地を活性化する人事計画案を作成した。しかし、人事異動は、他の人事スタッフが協力してくれなくては達成ができない。異動作業はそれぞれの担当が自分の腕前を競って行うので、一方的に自分の考えが通用するほど甘くない。しかも、本庁から土木事務所の用地への異動などは今まで例がほとんどなく、都落ちするようなものであった。幸い、当時の人事異動のチーフがこうした取り組みに理解を示してくれていたのと、前年の土木担当者も自分が苦労したせいか、異動者を何人も出してくれた。一方、他の担当者には冷淡な人もいて、一人も用地に出してくれない人もいた。自分の所管する土木部や都市部からは、多くの職員を対象者とせざるを得なかったが、何とか、ほぼ、構想通りの用地課の強化計画が達成できた。

人事異動が終了して、土木部からは感謝された。しかし、あまり、急に異動を組んだために、用地を強化しているのだという方針が伝わらず、出先機関で頑張っていた職員が、用地に異動して、評価されなかったと落胆し、異動後、具合が悪くなってしまったことなどがあった。受け入れ準備が十分ではなく、また組織としての方針が周知されていないなかでの人事異動であり、そうした職員には申し訳ないことだと思っている。今でもその時の用地職員の配置計画表を見ては、感慨深いものがある。

ともあれ、昭和六三年の異動を機に用地課のポテンシャルは大いに上がった。用地業務への上級職配置はその後、継続的に続くことになり、また、職員のなかでも多くの優秀な職員が公共事業の第一歩である用地業務で活躍するようになった。

③多忙な人事業務

また、三〇年職員表彰も忘れがたい。昭和六三年は昭和天皇がご病気で様態が思わしくなく、秋ごろからいろいろな行事が中止となった。三〇年表彰は、勤続三〇年の職員を表彰するもので、毎年一二月一日に表彰式を行っており、その年は例年になく対象者が多く、五〇〇人を超える受賞者がいた。これを予定通り行うか、どうか、また、従前の県民ホールでは開場時間が遅いなどの制約が多く、適当な場所はないかが課題であった。場所は、自分が子供のころからなじみのある県立青少年センターのホールが使えないか検証し、思ったよりも使い勝手が良いことが分かり解決した。実施するか否かは、状況を勘案し、幹部の判断となったが、間際まで方針は出なかった。結局、実施する運びとなったが、時間的な余裕がなく、また、受賞者も今までの倍近くあった。業務は、人事課の女性職員をはじめ、多くの職員に手伝ってもらい、受賞者に渡す賞金を間違えるなどのミスもあったが、何とか無事に終了した。

また、外国人採用は、当時から問題になっていた外国人の公務員の任用の要請にこたえるために、県の事務や、地位のなかで、外国人が制限される「公権力の行使または国家意思への形成の参画」（内閣法制局見解）がどのようなものであるかについて、全庁に調査するなど検討を図った。地位についてはどの職が公権力の行使にかかわるポストであるか、また、業務のなかで、どのような業務が公権力行使になるかである。事務については、県で行うすべての事務分担を検証し、それが公権力行使といえるかどうか分類した。全庁の業務調査は大量の事務であったが、部の担当事務とともにこうした事務を行わなければならなかった。本県の外国人採用はこれをベースとして平成九年より実施された。

この年の一二月八日に、長女茜が誕生したが、毎日、夜中の帰宅で子供も寝顔しかみることができなかった。それでも、子供の顔は天使のように可愛く、大いに仕事の疲れを忘れさせてくれた。少しでも早く顔を見るために、二俣川の駅から世帯寮まで、夜中に走って帰ったものである。

人事課の仕事は、在位が長くなると段々、複雑かつ大量な仕事を分担させられた。三年目は、衛生部、四年目は商工部、県民部、五年目は福祉部の主任を担当した。特に、五年目は、サブの仕事に現業の異動、障害者雇用、服務と盛りだくさんであり、年中、多忙であり、人事異動作業中は、その共同作業が終わった夜中の三時くらいから自分の仕事を明け方までやり、その後、数時間の睡眠後、人事作業が始まるといった具合であった。時間外勤務は、最大で月間三〇〇時間にも及んだ。当時は三〇才代であり、若く体力も十分であったから、乗り越えることができたと思う。

ただ、人事課の仕事は、当時、給与の格付けにしても、マニュアルが整理されておらず、手作業や伝統芸的なところが多く、また、全体で協力したり、知恵を集めるという風潮でなかった。実際に職員の給料計算など間違いが多く、職員や所属に迷惑をかけることも多々あった。常にいろいろな仕事に追われ、これで終わりということがなかった。また、私もおおざっぱな性格で、細かい仕事は得意ではなく、あまり向いているとはいえなかった。ただ県の組織・職員にとっては、適材適所の配置、公平な人事という役割を担い重要な仕事ではあった。こうした仕事に、特に残留を希望したわけでもなかったが五年間もいたことになった。

◆コラム3　電卓からICT機器へ

自分が県に入った昭和五二年当時は、今のようなコンピュータはなく、机上では、電卓が大きなツールであった。ちょうど、市町村課で交付税や税収の計算を行う仕事が多く、桁数も何千億円とかの12けた以上の数値を扱った。そこで、給与の大枚をはたいて自分の電卓を購入した。数字を確認しながら打つのでは仕事にならず、まずは、電卓を見ずに右手で入力することを練習した。37市町村の、税収などを入力し、合計の縦と横を合わすのであるが、一度でなかなか合わず、労力がかかった。来る

東芝ルポ７０

日も来る日も電卓を打ち、右手が腱鞘炎になってしまいそうであった。今では、エクセルなどの表計算で合計などは何でもないであろうが、当時は、手書きで合計数字を求めていた。電卓はご存知のように段々小さくなり、値段も数百円で買えるように各段に下がっていった。

次に、昭和六〇年代になると、ワープロが全盛期となった。ワープロは文字を入力する専用機であり、個人個人が自分で購入したが、職場によって東芝ルポが主流のところ、富士通オアシスが主流のところと分かれていた。自分は、確か人事課時代にはルポの70を購入し、仕事の資料を作成していた。

機種も段々高度になり、最初は数行しか表示されていなかったが、段々、画面も大きくなり、一ページ分が見られるようになった。職場が変わるごとに、機種を変えたりし、一〇万円程度とかなりの出費となったが、仕事を効率的に行うには不可欠の必需品であった。機種によって入力のシステムが変わるので、戸惑った。特に、秘書課ではオアシスであったが入力方法が異なり、難儀したが、慣れてくると便利であった。

こうしたワープロ専用機は、次第にパーソナルコンピューターへと移行し、ソフトは、現在のワードやエクセルに統一されてきた。当初は、パソコンも個人がそれぞれ持ち込んでいたが、平成一七年三月には県で一人一台のパソコンを支給されるようになった。その後の発展は、ご承知のとおりであり、表計算等のみならず、インターネット、ホームページなど情報の収集、伝達は大いに発展、変化していった。

今の若い職員は、子供のころからテレビゲーム慣れしており、パソコンを苦も無くツールとして活用しているが、私の年代では、今だにおっかなびっくりといった状況である。

事務の仕事はコンピューターにより飛躍的に効率化されたが、いくつかの落とし穴がある。一つは膨大な情報を扱っている中での、情報の洩れである。簡単に世界の最新情報が手に入るが、逆に行政の情報が誤って世界中に漏れてしまう危険性もある。

特に個人情報は、行政内の限られたセクションでのみ利用するものが、誤って広まってしまう恐れがある。簡単なミスで、住民の情報や重要な案件が広まってしまう。自分も、県庁のイントラネットで、ある部長に送る機密情報をその部員全体に送ってしまい、すぐに削除したという失敗をした。ちょっとした送り先の誤りがとんでもないことになるところであった。

もう一つは、職員同士のコミュニケーションの欠如である。一日、口を利かずに画面と向かい合っていれば仕事になるようなこともある。本来は、同僚と相談して仕事を進めていくところが、ただ、画面をみながら、無機的に進めていく仕事のスタイルが可能となっている。係内の忘年会の日程を言葉を発することなく、メールで周知したなどという笑えない話もある。

また、隠れた問題として、先輩が尊敬されなくなることである。仕事は積み重ねてきた経験が大きくものをいう。先輩が会得した技術や経験を後輩が聞きながら覚えていくものである。自分も、若いころは、先輩の体験や仕事の進め方を学んだものである。これに対し、これだけ、ＩＣＴの技術が進歩してくると、年長者の技術は役に立たず、むしろ、その使い方を若手に学ぶ方が多くなる。私も、コンピュータートラブルなどは、新規採用などの若手に世話になってきた。コンピューターに強い若手からすると当たり前のことも、こちらはわからない。住みにくい世の中になったものである。したがって、年長者は、それ以外の仕事の経験、対人関係、組織のルールなどで、上回った実力を示さないと軽んじられるようになる。うまいもので、コンピューター世代は人の付き合いが苦手であるから、時間外などの場において、自分の経験などを伝えていけばバランスはとれる。ただし、最近の若手はなかなか、違う世代と遊んでくれないかもしれないが。

(3) 人材育成・組織革新(平成四年四月〜平成七年五月)

長洲知事は5期目を迎え、マンネリ感を打破するために、平成三年から人材育成・組織革新を掲げ、人事や組織の活性化を図った。このための組織を人事課内に設置して、人事政策について職員からの意見の募集や討論を行うなど新たな取組を展開した。

その二年目、そのセクションに平成四年四月、人事異動となった。人事課に長くおり、新たな職場と思っていたが、そうはならなかった。人材は、担当部長、専任主幹、班員四名程度の小規模な所属であった。一年目に組織の改革的な業務が終わり、自分は、その継続として、役所仕事から脱却し市民の風が吹く職場づくりに向けた仕事が中心であった。

今までの固定的、伝承的な人事作業とは大きく趣が変わった。自分にはこの方があっていた。仕事は、窓口のサービス向上のための「市民度チェック事業」や「表示サインの改善」、職員からのアイデア募集などであった。市民度チェックは窓口で市民からアンケートを取って、その結果を分析したり、表示デザインは実際に表示板を作成して、庁舎近くに掲示したりした。仕事は、庁内のみならず、民間企業などとの交流もあり、その経営手法なども学べることができ、なかなかおもしろいものであった。最初の年には、当時の宮森副知事が職場に応援に来てくれたり、宴席に加わってくれたりして、雲の上の幹部とお会いできた。宮森副知事は決して偉ぶらず、自然に接してくれたのには大いに感激した。

また、人材は時間的なゆとりもあり、チームメンバーで花見や東京見物などのイベントも行った。なかには権威的な面が消えない職員もいたが、大体は、気の置けないメンバーであり、自分には居心地も良かった。今もときおり、当時の鵜飼たつ子担当部長を中心に集まって交流を深めている。

何やかんやで、人事班と人材育成で人事課には八年在籍した。三〇歳代の働き盛りで体力もあったので、ハードな仕事には耐えられたが、何か寂寞感が伴った。それは、おそらく、管理部門であり県として前面に出るような仕事ではなかったからだと思う。

家庭では、次女の円《まどか》も生まれ、子供二人可愛い盛りであったが、人事課五年間はあまり顔を見ることもできなかった。人材育成に入りようやく、落ち着き、若干の蓄えと多大な借金により、平成五年に横浜市泉区の郊外にわずかな土地を購入し、狭いながらも新居を構えることができた。

4　新たな挑戦

（1）急に国際政策と言われても（平成七年六月〜平成一〇年三月）

①国際政策とは

平成七年四月にようやく、人事課から足を洗うことができた。職名も主幹に昇格し、渉外部渉外総務室国際政策班の班長となり、初めて部下を持つことになった。渉外部は、国際交流や県内の外国籍県民との交流、基地対策を行うセクションである。内示を受けた時は、国際政策班とはいったい何をやるのか見当がつかなかった。

聞いてみると、「かながわ国際政策推進プラン」といった計画の策定や、国際化について全体的な施策を行うところだという。班員は自分を含めて四名。外務省に出向したことのある職員、女性で優秀な職員、若手男子職員がそのメンバーであった。いずれも数年、業務を行っており、気位が高く、人事課から来た班長のお手並み拝見といったムードであった。ためしに職員に「昼食でもどう」と誘ってみたら、「中華なら付き合ってもよい」という返事であった。「部下のくせに馬鹿にしやがら」と思った。仕事は、プランのなかに、聞きなれない「ＮＧＯ」だの「ＮＬＰ」や「ＯＤＡ」などの横文字がやたら出てきて、皆目わかりにくい。班員一同は当然のことのようにこうした言葉を使う。班長の面目もあり、いちいち聞くわけにもいかないので、関係する本を買って一つ一つ、意味を確認していった。班長として、鼎の軽重を問われているのだと思った。

〈注〉「ＮＧＯ」 Non-Governmental Organization 国際協力に携わる非政府組織
「ＮＬＰ」 Night Landing Practice 米軍等が行う夜間離着陸訓練
「ＯＤＡ」 Official Development Assistance 政府開発援助

当時、神奈川県では、長洲前知事が提唱した「民際外交」といって、国と国との外交に対し、自治体同士、市民同士の民間レベルの外交を展開していた。国同士は交流がなくても、市民同士では交流ができるという、今でも通用する考えであった。また、内なる国際化といって、県内の在日韓国・朝鮮人や中国の人たちをはじめとする外国籍県民とともに生きる地域社会を目指していた。こうした考えに基づく施策は、平成八年に岡崎知事になっても継承し、二〇年以上を行われており定着していた。そうしたなかで、新たに国際的な市民団体の動きも取り入れながら、国際化の施策を展開していこうとするものであった。その最前線に立つのが、国際政策班であった。

最初の数か月は、ともかく外務省の「外交青書」や今までの本県の施策などを勉強して、話についていけるようにした。

仕事は、新鮮であり、また、他の部署でできないような業務が多かった。ちょうど、この年に戦後50周年を迎え、記念イベントとして、横浜駅西口のジョイナスで展示会を開催することになった。県で展開している民際外交のパネルを作ったり、基地問題や内なる国際化施策を県民に紹介したりするものであった。一つの課題として戦争のパネルがあった。国内での強制徴収や、戦争中のさまざまな問題を掲示するものであり、質量とも膨大であった。数か月前から部全体で次席の女性職員をキャップとしてプロジェクトチームを結成し、企画やパネルの作成に努めた。キャップも大いに悩んでいたが、周囲の職員の協力もあり、また、自分も班長としてサポートした。当日のセッティングは朝の五時ぐらいまでかかり、外に出ると朝の通勤客で溢れていたのを思い出す。戦後補償や従軍慰安婦についての説明など、微妙な問題のあるこのイベントも無事に終えることができた。

また、当時、従軍慰安婦の補償問題が生じ、村山首相がコメントを出すとともに、その方々に日本の気持ちを表すべく「アジア女性基金」が作られた。国の担当は総理府であったが、具体的に何を行うかは明確ではなかった。その担当として、どこのセクションが担当するか、全国的にも都道府県、市町村の中で問題となっていた。本県でも福祉の観点から援護課か、女性政策の観点から女性政策室か、内なる国際化という観点から渉外部国際交流課か、なかなか結論がでなかった。政治的な色合いが強く、いろいろな意見があるなかで手を出すことをためらったようである。県庁内で押し付けあっていても進まないので、結局、わが国際政策班が受けることにした。若い私はまだ、怖いものを知らなかった。仕事から逃げず、真正面から取り組むという姿勢を貫いた。結局、この事務としては、国の窓口になって、周知や啓発をしたり、職員から募金を集めたり、市町村に通知したりするものであった。当初、心配したほど事務が混乱することなく終了した。

②外国籍県民会議の設置

当時、外国籍県民の地方政治への参画が注目されていた。川崎市では、全国で初めての外国籍市民会議が開催されることになった。市内の外国籍市民が市に意見や提案をして、市政に参加するものであった。この取り組みは全国でも注目され、初めての「外国人代表者会議」が平成八年二月に開催された。自分もその場に参加した。議長は、李仁夏（イ・インハ）さんであった。会議は盛大に華やかに行われ、新しい時代の息吹を感じさせるものであった。

神奈川県でも外国籍県民会議の発足を検討することになった。併せて、活動を活発化させていたＮＧＯの会議を開催することになった。自分はその業務の班長として、団体との調整、制度の設計、進行管理を行った。

外国籍県民会議では、法的にどのような位置づけにするか、また、県内で対立する民団と総連をどうまとめるか、構成員の割合をどうするかなどが課題であった。そこで川崎市での外国人会議を毎回、見学するなどし、状況を観察し、また、その委員に話を伺った。特に、議長の李さんからは、自宅まで伺い、在日韓国朝鮮人の今までの苦労や活動、会議の意義など熱のこもった話を詳しくうかがうことができた。

会議は川崎市のような条例設置でなく、要綱によって設置し、外国籍県民は、県内の在住者の数に応じて応募者から選出することで外枠が決まった。また、ＮＧＯ会議は、国際交流、内なる国際化、基地問題など広範な活動の団体を選出することになった。

こうして、二つの会議の概要が固まり、発足する基礎が出来上がった。その後、平成一〇年一一月同時に地球市民プラザで開催された。

また、当時、前長洲知事からの施策である、民際外交を説明する展示品を展示する横浜市港南区本郷台の「地球市民プラザ」の開設が大きな課題であった。そのための設立準備室ができ、開設作業を進めていたが、開設にあたって、その展示品に時代認識の異なる展示品があるため、右翼などから街宣で抗議活動がしきりに行われた。国際政策班は渉外部長のサポート役として、問題があると対策を検討して具申した。当時の部長は、教職員課の上司であった吉田部長であった。特に平成一〇年の仕事始めの日から、夜遅くまで部長と対策を検討したことは思い出に残る。

さらに、核実験があると米国大使館に対して抗議文を寄せた。抗議文は国際政策班で作成し、その日のうちに知事の決済をいただき、大使館に届けられた。たまたま、平成一〇年三月末、総務室長が不在の時に、自分が直接、知事から決済をいただき、その時、初めて岡崎知事とお会いした。まさか、その数日後には、その近くで働くことになるとは思いもしなかった。

渉外部では、こうして、国際政策推進プランの作成など、机上での仕事に加え、新たに戦後50周年のイベントや外国籍県民会議、NGO会議などの設立など節目の仕事に携わることになった。今までの人事行政13年間からの大きな転換であったが、仕事としては大変、おもしろく、また、なかなかお会いすることのできない外国籍県民会議の委員など素晴らしい方々とお会いすることができた。

◆コラム4　困った上司・部下への対応

仕事でストレスを感じるのは、主に人間関係だと思う。特に職場の上司や部下に対してストレスを感じたことがない人はいないのではないかと思う。自分も多くの職場で、上司、部下にストレスを感じることがあった。

特に上司は、人によっては目の前に立ちふさがる壁となり、うっとうしくても嫌でもつきまとってくるものである。自分が若い頃には、係長に問題があると部下が結束し、仕事の後で夜の赤提灯が楽しくてたまらない時期もあった。上司の悪口ほど、酒の肴に合い、仲間の共感を打つものはないのである。飲み屋さんも繁盛したければ、会社の幹部に協力を求めても良いのではないかと思う。さておき、困った上司とは自分の場合は、すぐに感情的になる、仕事の責任は取らず逆に成功は自分のものとする、上にはぺこぺこして下にきつく当たる人である。

こうした職員が不幸にして上司にいた場合は、係の中で集団防衛に努めることである。何も集団的自衛権は国だけの専権事項ではない。相手がさらに上手で、分断されてしまったときは、気分転換に外部の人、同期、前の同僚、同じ趣味の人、学生時代の友人何でもよいから、話をすることである。そして、時が過ぎるのを待つか、場合によって一太刀加えたいという人はチャンスを待つのである。ひとつ、秘伝を伝授すると、上司の言ったことを記録しておいて、それと違うことを言ったときにそれを指摘するのである。どんなワンマンも自分が言ったことが正しいと思っているので、その相違を指摘すると多いに困る。それで、日頃の溜飲を下げるとともに、意外に自分のことを覚えていて油断がならないと相手も攻撃しにくくなる。自分もワンマン型には、こうした防衛策をとったものである。

神奈川県庁にもかつて札付きの上司がおり、かつては「県庁の三悪人」とかの名称を授かっていたようである。今はパワハラとかで問題視され、また、部下が上司を評価するような制度もでき、部下を面と向かっていじめるような上司も少なくなってきた。ただし、まだ、絶滅したわけではない。こうしたパワハラ上司の共通項としては、上の幹部に対しては馬鹿丁寧であり、その分、部下にイライラなどの個人的な感情をぶつけてくることである。また、本人は仕事ができると思って

いるほどに実力がないことである。特に、県庁で特権的な位置にある財政課や人事課のＯＢ職員にその傾向がある。こう言ってみると、自分にも当てはまるような気がするが、もって他山の石である。

自分も権力的な仕事をしたり、職位が上がったりする中で、狭い組織の中で偉そうな態度を取っていたのではないかと反省している。一つの道を究めた人に会うと、その謙虚さにまず驚かされる。今までお会いした将棋の大山名人、化学界の権威である長倉三郎ＫＡＳＴ理事長、体操の具志堅幸司さんなど、その世界の頂点に立つ人は、けっして偉ぶるところがなかった。また、組織のなかにもそうした人物は多い。一方、小人物ほど相手の地位・立場を見て傲慢な態度を取りがちである。

知人のなかには、とんでもない上司の犠牲になって病気になったり、やめたりした職員も数知れない。いざとなったら、自分の体、家族の生活が大切であり、開き直って逆襲することである。幸い、自分は被害者として精神的に追い詰められたことはなかったが、若い頃、直属の上司は気分的にむらがあり全く責任を取らない人で、思い切って正面から文句を言い、辞表を提出しようかと思ったことが何度かあった。その際に、たまたま足柄上地方に出張に行き、日本の原型のようなのどかな田舎の風景と雄大な富士山を見て、ちっぽけなことが馬鹿らしくなり気分が晴れたことがあった。

要するに気分を変えることが大切だと思う。

年齢が上がってくると、今度は部下の行動が気になってくる。仕事に責任感のない職員、仕事ができないのにいやに自信を持っている職員、自分の職種や派閥を歯牙にかけ情報をよこさない職員等々、仕事を進めるうえで支障になる職員も多い。そういう職員には、仕事の上で弱点を指摘するとともに、周りのできる職員と張り合わせる。それでもだめならば、あきらめて次の異動に期待する。大体、家族でも自分の言うことをきかないのに、他人を従わせるのは無理と承知することである。そうするとダメでもともとで、部下の性格によっては、仕事オンリーと割り切って対応した。おかげで部下に対するストレスはそれほど感じることはなかった。(その逆は多々あったかもしれない。)

(2) 品位の秘書課(平成一〇年四月~平成一二年三月)

①調査担当の仕事

次の異動先は、課長代理職に昇格し、総務部秘書室調査担当課長代理であった。調査担当は、知事の議会答弁、記者会見を補佐する、いわば知事のブレインであった。県庁の中でも重要なポストで、重責である。スタッフは担当課長と課長代理（つまり私）、課員八人である。課員はそれぞれ、担当する部が割り振られ、その部の情報をまとめて、必要に応じ資料を作成し、知事をサポートする。特に議会の答弁、記者発表の前に事前の勉強会があり、知事に直接、説明するという重要かつ緊張する仕事であった。自分は課長代理として、事務全体をフォローし、主に記者発表の事前調整を行った。県庁全体の動向が分かり、また、直接、知事にお考えをお聞きできるという県全体を見ることが出来る仕事であった。

スタッフは、個性的で優秀な職員が多く、職場内での冗談も多く、家族的で全体に楽しい職場であった。ただし、仕事は毎日、戦場のような状況であった。私の主な仕事は、毎週、開催される知事の記者会見の事前調整と知事への資料のまとめである。知事から発表する記者会見の項目を各課と調整し、また、新聞記事に乗った県政にかかわる記事について、県のデータや考え方を整理することであった。多くの課は、知事の会見というと協力的で仕事はやりやすかった。ただし、廃棄物の所管課や、手塚治虫の記念館を作ろうとしていた京浜臨海部は、秘密主義でガードが固く、調整に所属に行っても軽くあしらわれた。トップシークレットと思っているらしく、直接知事に説明してあるという言い分であった。県政で、知事の広報に携わるセクションに何が機密だと思った。その後、京浜臨海部は解散するが、皮肉にも廃棄物行政はその後、自らがとっぷりつかることになる。

当時の直接の上司である担当課長は、重要な資料や情報について、組織全体でやるのでなく、独自で資料収集をして、個人的に動くのを好んだ。自分は仕事についてさまざまな提案をしたが、担当課長は一考だにしなかった。財政課出身で、当時の上司の女性秘書室長とは財政課で一緒であり、友達であり何でも自分のいうことを聞いてくれると公言していた。事実、公私にわたりさまざま室長に尽くしているのが分かったが、仕事と人間的なつながりを一緒にするのは、自分にはあまり理解できなかった。

②長洲前知事の県民葬

平成一二年五月に長洲前知事が亡くなられた。その県民葬を急遽、知事室で行うことになり、それぞれ分担がなされた。全体の総括者である秘書室長は割り切った考えを持ち、行政が主体で行うのでなく、業者に委託して任してしまうという方針であった。しかし、予定日の六月一四日が迫ってきても業務は一向に進展しなかった。

六月になり人事異動で秘書室長も担当課長も変わった。それに伴い、方針が変更され、業者委託から、それぞれ秘書課で担当を持ち、行政主体で実施することになった。調査班は、一番困難なセレモニーの企画や実施が割り振られた。時間がない中で調査班の職員はよく職務をこなしていた。結局、期限が迫る中で、職員が先頭で進めることになった。

私は、主に会場での演出の主役である県警儀仗隊と神奈川フィルハーモニー管弦楽団の調整を行った。今でも、思い出すのは、式の二週間ほど前に、初めて関係する団体を集めて、会場での調整を行ったことである。それまで、全く調整されていないことをその場で急に割り振ることになった。どうなるか自分でも自信がなかったが、ともかくやるしかなく、若干の混乱、批判は受けようと思った。にわか作りの調整であったが、それぞれの関係機関は、長洲前知事に恩義を感じているのか、県側の準備が拙い中で積極的に協力してくれた。特に、費用のことなど、念頭になく、急な演奏に気持ちよく答えてくれた神奈川フィルには感心させられた。さらに、当日の席次、進行などについて、本来は委託業者がやるはずのものも、こちらで行った。深夜まで先方に出向いて、業者に座席の案や、進行案を作成し説明したが、これではこちらが委託料をもらってもよいのではと思った。それからは、民間への委託が事業の効率になるなどという紋切り型の意見には与しないようになった。

時間的なゆとりもなく、途中で方針が変わったが、六月一四日に県民葬は関係者三〇〇〇人が集まり厳かに無事に終えることができた。

秘書課での仕事は、緊張が続いたが、仕事を離れるとスタッフも面白く、また、他のセクションも含めた課員や素敵な女性秘書とボーリング大会や飲み会などで懇親を深めることができ楽しい職場であった。

仕事では、県庁の動きの一端を知ることができた。また、通常ではお会いできない知事の話をお聞きでき、副知事などの幹部を知ることができた。ただ、何かの成果を得たかというと、特になく、組織の歯車のように感じた二年であった。

◆コラム5　女性登用さまざま

本県においても、女性登用が盛んに行われている。自分も、古くは二か所目の県央地区行政センター、その後、人材育成、秘書課と女性の上司に仕えた。

女性登用といっても、仕事の進め方、職員への指導は人まちまちであった。人材育成で仕えた鵜飼さんは、やさしい心配りのある上司で、仕事は職員に任せるものの、職員の気持ちを察してうまく活用してくれた。現在でもお付き合いをいただき、年に一度はその時の先輩・同僚と顔をあわせている。秘書課時代に仕えた課長は、才能があり頭が切れ判断が早く非常に合理的な考えをする人であった。仕事は時間内に終わらせ、余計な仕事はしないことを徹底していた。ただし、議会の対応や根回しなどは苦手なようであった。その後、女性登用のトップを切り、副知事候補となったが、知事が変わり、出納長の廃止を巡って知事と対立し、出納長の反乱としてマスコミを賑やかすことになった。結局、出納長は任期期間まで務め退職した。男性ならば、組織の要請に抵抗はできないと思い、女性はつくづく強いものだと思った。

自分がかかわった仕事でその他にも、何人もの幹部候補生に遭遇した。タイプは人によってまちまちであるが、一つは女性らしい気配りで仕事を進める人、もう一つは自身の能力で切り開いていく人である。最近は、後者のタイプが増えている。仕事に女性も男性もないが、女性の方が総じて真面目に取り組み、細かい仕事や対人的なサービスはより能力を発揮していると思う。

部下としての女性職員は、まじめで言ったことはしっかりやってくれ、自分もずいぶん助けられたと思っている。特に会計局時代には課長も総務の班長も女性であり、よく仕えてくれ無理もずいぶん聞いてくれたと思っている。家庭を持っている人は時間的な制約が強いが、自分は仕事にメリハリをつけて行う方であり、勤務時間で迷惑をかけることは少なかったと思う。女性はきめ細かい心配りが男性よりもできるが、それは逆にいうと上司としてデリケートな気持ちを察する必要が生じる。一度、反感を持たれたら、いろいろとやりにくい目に合うのは必須である。家庭を持っている男性は、日ごろの生活の中で十分身に染みているとは思う。大切にすれば、大事にしてくれるのである。

ただし、女性登用といっても、あまり無理に幹部職員に登用するのはいかがとは思う。まず、手順を踏んで幹部となり実力をつけてもらうことが本当の育成に必要ではないか。また、黙してコツコツと仕事に打ち込んでいる他の男性職員も組織の一員であることを忘れてはならない。素晴らしい能力を持っている職員が男性であることで幹部に登用できないということになってはいけない。本県も若干そういう傾向もみられ、女性の幹部候補の母数が限られている中で、ほとんどの有力な女性職員が管理職になっていき、もう、人材が枯渇しているような状態になりつつある。むしろ、その前の若手職員を育成しておく必要があるのではないかと思う。

(3) 科学技術の世界へ (平成一二年四月〜平成一四年三月)

次なる所属は、またも、今までの仕事と何ら脈絡もない企画部科学技術振興課の課長代理であった。県で科学技術とは何だろうと思ったが、科学技術推進プランに沿って県全体の科学技術施策を推進したり、県の試験研究機関のまとめ、エネルギー施策や、二〇〇一年（平成一三年）に開催予定の「ロボフェスタ神奈川２００１」をサポートする仕事であった。課長は科学技術庁から出向した村上正一課長で、私と同年齢であり、鉄道マニアで科学の好きな少年がそのまま成長したような温和な人であった。課員は、化学職、林業職、研究職などの技術職と事務職で二〇人足らずの本庁職員と、それにロボフェスタ事務局の二〇人と川崎市高津区にある科学技術アカデミー（ＫＡＳＴ）に出向の職員八人あまりの職員を抱えていた。

私は、県庁の仕組みや仕事のやり方を知らない課長を補佐するとともに、業務の全体を調整し、さらにロボフェスタ事務局を支えるという役割が加わり、まるでコーチと選手を兼任するようで、非常に多忙な時間を過ごすことになった。

①ロボフェスタ神奈川2001

ロボットの祭典である「ロボフェスタ神奈川２００１」は、神奈川県と科学技術庁が共同して行うこととなっていた。事務局は部長級をトップに据え約二〇名体制で準備体制を整えていた。全国的なビックイベントであり、横浜市、川崎市、横須賀市、相模原市とも共同開催となっていた。科学技術振興課本課は、そのうち、皇太子をお招きしての行啓、庁内応援職員の募集、事業の予算化や国との調整を担っていた。要するに主要な事業はロボフェスタの事務局、その他の困難な事業や体制のバックアップは、本課となっていた。幸い、日常の業務では、ロボフェスタ事務局と良い関係が保たれたが、時としては意見の相違があり、そうした場合は、調整役として課長代理が働くことになった。ロボフェスタ事務局は、新しい仕事であり、また、県と市の寄せ集めの団体で、動きがとれない場合もあり、そうした時もサポート役をかってでた。特にイベントの応援職員の開催中の勤務割りなどは、複雑で事務局の手に負えず、協力を求めてきたが、自分は人事課の経験を生かして半日で作成した。

しかし、何より重要かつ困難なのは、皇太子の行啓の業務であった。おりしも、米国で9・11のテロが勃発し、世界的にテロへの緊張感が高まった。日本においても要人のガードに神経質になっていた。皇太子になるとなおさらであり、妃殿下はご懐妊で愛子様が生まれる直前でもあった。この時期に、行啓担当の責任者を仰せつかった。一一月に予定されている横浜大会にご出席を頂戴する予定であったが、宮内庁や警察は、初めて行われるイベントで安全性に不安を持ち、特に大きな開放型の会場での観覧者の規制に大きな危惧をもっていた。

自分は、毎日のように県警と調整を行い、ともかく、イベントが計画的にかつ正確に秩序の中で行われていることを示した。そのため、直前の相模原大会などでも、県警や皇宮警察などの警備担当に来てもらって、計画通りに実施されているところを見てもらい、不確かなところを指示してもらった。結果的にこうした入念な準備が功を奏し、皇太子の行啓は予定通り行われることになった。また、当時の東宮侍従職が外務省からの出向者で翠嵐高校の後輩という奇遇もあって、宮内庁との意思の疎通を円滑に図ることが出来た。

イベントは、当初の八月の横須賀会場は入場者も少なく盛り上がりに欠けたが、一〇月の相横原大会になりようやく活況を呈するようになり、一一月の横浜大会では会場のパシフィコ横浜の広さに負けないほど人気が高まってきた。ホンダの歩くロボットアシモの登場も人気を博していた。

行啓当日の一一月二四日は、素晴らしい秋晴れであった。今でも正面玄関で皇太子の到着を待っているときの緊張感と先導の白バイの集団が現れた時の興奮にも似た昂揚感は忘れられない。皇太子はにこやかに会場に入り、展示品の周りにいた観衆のそばに近づいて、さわやかな笑顔を振りまいていた。周りは当然警護のＳＰがついていたが、私も進行の確認のために、その近くにいた。特に女学生や子供には、お気軽に近づき、そのたびにＳＰに緊張感が走るのがわかった。

進行は手筈通りに進んだが、二つだけ誤算が生じた。一つは、到着して、すぐに知事が先導してエレベーター前まで来たが、エレベーターがなかなか上がって来なかった。これは、担当者が急に予定に反して手動に変えたためであった。あまり来ないので、随行の知事が階段で案内しようとしたときにようやく、エレベーターが到着した。長い待機時間であった。もう一つは、会場を見て退席する際に、エレベーターホールの前で、知事をはじめ、横浜市長や自治体の幹部が見送りするときに、副知事が遅れそうになったことである。副知事は、自分の担当する案内が終わりほっとしたのか、職員と話しながら最後方をのんびり歩いていた。自分は、列からそこまで戻り、副知事と走ってホールまで向かって事なきをえた。県では雲の上の副知事に走れと命じることができるのも、こうした時しかないかもしれない。

ともかく、世界的なテロがあった時に、皇太子の行啓を無事に終えて大役を果たして、ほっとした。後から、東宮職に聞いたところ、皇太子は帰りの車で、ことのほか楽しそうにロボットのことをお話しされていたとのことであった。

世界で初めてのロボットの祭典は予定の入場者を超えて、成功裏に終了した。ポストロボフェスタとして、科学技術振興課では、青少年の科学技術への教育を主に進めることにした。このイベントでいくらかでもロボットへの関心は高めることができたが、その後、日常的に実用化するまでにはいたらなかった。今思うと災害用のロボットなどがもっと飛躍的に進歩していたら、その後、一〇年後に起こった東日本大震災に対して、人命の救助や原発事故の処置にも役に立てたのではと思う。

◆コラム6　素晴らしき神奈川県庁周辺

神奈川県に入庁して最も良かったと思えるものの一つに、その周辺環境がある。県庁の本庁舎そのものも、昭和初期の建物で堂々とがっちりしたレトロな建物であり、よく映画などで帝国議会などを模して撮影される。また、正面玄関前の日本大通りは、銀杏の並木で四季に色を添える。特に深秋は路面が金色のじゅうたんに覆われ、多くの絵描きが集まってくる。関内駅から県庁までの通勤路は私の日々のささやかな楽しみであった。

また、近くには山下公園があり、ちょっとした時間を利用して散歩やジョギングを楽しめた。山下公園は関東大震災で発生したがれきを埋め立てて出来た港に面した公園であり、港にはかつての外国航路船の「氷川丸」が停泊し、公園内では市民が散歩や日向ぼっこを楽しんでいる。私も昼休みなどはここで、ジョギングを楽しんだ。

さらに歩いて七分から八分のところに中華街があり、昼は職場の仲間とうまい昼食を満喫できる。四人程度のメンバーで四種類のランチを分けて食べるのも楽しみの一つである。５００円程度の費用で豪華な気分に浸れる。近くには、私にはあまり縁がないが、女性にはショッピングが魅力の元町商店街もある。

また、桜木町駅への帰りには、みなとみらい地区を通っていくと、ランドマークタワーやホテルのイルミネーションが夜空に輝く中を、海の中の桟橋を歩いて帰ることができる。特に年末は、寒さのなかでクリスマスのイルミネーションが澄み切った冬の夜空に美しく映える。少し足を延ばすとサラリーマンの夜のオアシス野毛の町もあ

日本大通りの秋

る。

こうして、県庁周辺は横浜の名所名店が集まっており、周辺を散策して飽きることはない。町は徐々に変貌を遂げている。自分が就職した昭和五〇年代は、本庁周辺には、昔からの古いロシアやドイツなどの外国料理屋が多く、友人や女性を誘って、異国情緒を楽しんだものである。そういった店は何か隠れ家めいていて、不思議な魅力を持っていた。だんだん、若者に迎合するような新たな店も増えてきたが、そうしたなかでもしっかりと老舗で続いている店を探すのも楽しみの一つである。

予定のない金曜日は、ぶらりとなじ

みの伊勢佐木町を散策し、近くの老舗などを冷やかすのを楽しみとしていた。知らない古い店に入るのは、ほんのささやかな冒険でもある。

②科学技術施策

科学技術振興課では、このほかに科学技術アカデミー（ＫＡＳＴ）への支援、研究機関のとりまとめ、エネルギー施策などを行っていた。

このうち、科学技術アカデミーは、先進的な科学技術機関として平成二年に設立された研究機関で、基礎的な研究や国からの依頼を受けた研究を行っていた。特に基礎研究は公募型で全国の大学や研究機関から優秀な研究員が来て、最先端の研究を行っていた。ここからは、光触媒などの研究成果が生み出され、新たな産業の礎となっていた。理事長は当時、長倉三郎理事長で日本の化学界の権威であり、化学者にとっては雲の上の存在であり、当時、ノーベル化学賞を受けた白川博士も真っ先にあいさつに来ていた。理事長は研究の中でも基礎研究の重要性を特に強調されていた。県はここに毎年、数億円の補助をしており、県での窓口を科学技術振興課が行っていた。施設に行くと、長倉理事長は自分のような者にも丁重に挨拶をしてくれた。ノーベル賞の受賞者が敬うような人であっても、とても謙虚であったのが印象的であった。

また、県には産業総合研究所などの九つの試験研究機関があったが、その全体的な調整を行っていた。当時、研究機関の評価が盛んに行われるようになり、先進国の研究機関に倣い、国の研究機関においても機関評価が実施されていた。これは今まで外部には閉ざされていた研究機関について、外部委員がその成果等を評価しようとするものであった。これを県の研究機関にも広げることが検討された。県の研究機関は、やや閉鎖的であり、外から評価されることを嫌う風潮があった。また、研究よりも実際的な測定や検査などに重点が置かれている実態があり、そのまま研究成果だけを評価することは難しい面もあった。そうしたなかで、機関評価の方法や選定委員、スケジュールなどを研究機関も交えて検討することになった。最初の会合が平成一三年一〇月に県庁で開かれたが、新たに着任した塚本科学技術振興課長と産業技術研究所の所長が冒頭から、その実施について対立し怒鳴りあいを始め、会議は収集がつかなくなった。その後、水口副知事の仲裁もあり、何とか、機関評価は検討が進み、平成一四年から本格的に実施された。

さらに、エネルギー施策も当時は企画部で所管していた。当時、環境の負荷の少ない太陽光や風力など自然エネルギーが主力であった。それに新たなエネルギーとして燃料電池や廃棄物を利用したエネルギーなどが注目を集めていた。県としては主に普及事業が中心であり、ＮＥＤＯの助成制度を周知したり、県民への普及事業を行っており、秋にはフェスタを横浜駅近くの住宅展示場で開催した。

（4）環境行政は現場で（平成一四年四月〜平成一六年三月）

ロボフェスタも無事に終了し、平成一四年四月に管理職の課長級（8級管理職手当20％）に昇格し、足柄上地区行政センター環境部長を拝命した。出先への異動であったが、自分には都落ちとの意識はなく、むしろ、新たな環境行政に大きな魅力を感じていた。足柄上地区は、南足柄市や山北町、大井町、中井町、松田町、開成町の5町からなり、県全体の面積の六分の一を占めるが、人口は一〇万人足らずの地域であった。西丹沢の山々に囲まれ酒匂川が流れる県民の水源地で、自然が豊かな地域である。ここで、もともと、やってみたいと思っていた環境行政の最前線にたつことになった。

スタッフは部長の下に化学職の環境課長とスタッフ六名で、事務職と化学職でなっていた。仕事は、緑化や鳥獣保護などの自然保護、河川の水質や大気の保全、廃棄物対策、また、その前年にできた市町村による廃棄物処理施設の準備室との調整などであった。

①不法投棄の防止キャンペーン

何といっても最もウエートが高かったのが、廃棄物対策であった。管内には、いくつかの廃棄物保管施設があったが、廃材などの不適正保管で行政の監視と指導が常に求められた。また、足柄上地区は水源地域であるが、林道などを使って不法投棄が多発しており、厳重な取り締まりが必要であった。その監視には、県庁の廃棄物対策課、地元の市町、松田警察署などと一緒に行った。不法投棄は、一度、されてしまうとごみがごみを呼んで大量の不法投棄場所となってしまい、早期の発見と監視が求められた。豊かで美しい足柄上の環境を破壊するものは許せない気持ちが強かった。この地域は、まだ、大規模な不法投棄は発生していないものの、静岡県と山梨県の県境にあり、しかも県民の水源地であり、継続的に地域と一緒になって行う必要があった。

そこで、地元の川上県議などの発議もあり、新たに平成一四年一〇月に不法投棄のキャンペーン事業を行政センター環境部が中心となって、行政、関係団体、住民で実行委員会をつくり、行うことにした。これにかかる経費も地元から協力を要請しようということで、地元の企業から募金を行うために各社を訪問し協力を呼びかけ、四〇社２５０万円を集めることができた。また、神奈川県産業廃棄物協会の協力を得て、クレーン車や重機も投入されることになった。一〇月二六日の土曜日には、会場の南足柄市で各市町村長が集まりセレモニーを行い、住民一〇〇〇人や関係団体も参加して、地域のごみや山間部の不法投棄物10トンを回収した。県と行政センター、１市５町、関係団体が協力して行う不法投棄防止キャンペーンはこれがモデルとなり、継続して実施されることになった。また、民間の協賛や地元の協力を得て行うキャンペーン事業は、他の行政センターでも大いに参考とされた。

恒常的な監視体制として、新たに不法投棄監視員制度を発足し、地元の住民ボランティアを監視員に任命し、地域の定期的な監視をお願いした。また、不法投棄されやすそうな場所に、行政センター独自で監視カメラを設置したりした。

また、水源の水質保全も迅速な対応が求められた。酒匂川は下流の飯泉で取水され県民の飲料水となり、上流の事故は迅速な対応が求められた。上流の事業者が誤って排水に薬品を流出したりすることがあったが、地元の町と協力し、迅速に取水するとともに、分析を環境科学センターに依頼して、物質や排出先を探した。大井町のガソリンスタンドで、石油が漏れた時もすぐに現地に赴き、対応や指導を行った。こうした現場は担当職員が対応したが、自分もできるだけ現地に赴き、状況を把握するとともに、市や町と対策を図った。現場に赴く仕事は自分に合っていた。また、すぐに行政センターが動くことで、市や町の信頼を得ていた。

自然保護では、山で見つかった傷ついたシカや鳥などを保護して、自然環境保全センターに移送した。行政センターには、ムササビやチョウゲンボウなどの鳥獣が持ち込まれ、珍しい動物を見ることができた。ただし、捕獲する職員は必死で、一度、バケツに頭を突っ込んで抜けられなくなったシカを保護した際には、シカが暴れてバケツが職員に向かってきたとのことであった。

こうした事態は当然いつ起こるとも限らず、勤務時間外であっても、四六時中、対応を図る必要があった。

②エコループ問題

そのころ、管内では市町村が共同で一般廃棄物を処理する施設の新設を検討していた。一般廃棄物とは主に家庭ごみで市町村が処理することになっている。このため、1市5町からなる準備室が足柄上の合同庁舎内にできた。県はオブザーバーとしてこの事業のサポートを行っていた。この地域では、焼却施設は南足柄市、山北町、大井町にあり、その老朽化が進み、新たな処理施設が検討されていた。廃棄物処理施設は迷惑施設として、地元の対応がデリケートであり、また、その費用も嵩むことから、建設場所や、処置方法、負担の費用など、多くの難問が控えていた。

ちょうどそのころ、県と関係企業から、廃棄物を最大限再利用して熱エネルギーを回収する、大規模な「エコループ」計画が発表された。これにより、地元の検討は中断して、しばらくこのエコループ事業の進行をみることになった。この計画は岡崎知事が熱心に推奨し、当時の廃棄物担当である理事を中心に進められていた。多くの事業者が入った創立総会が東京で開催されたが、その具体性が明確でなく、また、一番、問題となる設置場所も不明であった。こちらも、たびたび県庁に市町村と情報収集にいったが、トップレベルの事業ということで詳細は明らかにされなかった。その間、担当理事が管内の町に個別に説明に動いているようであった。山北町がその候補地とされたが、町民の反対が強く、事業の具体性も欠けていた。山北町では、この計画にかかわっていた現職の佐藤町長が選挙で落選することになった。結局、計画は頓挫し、この計画は二年後に中止することとなった。地元にとっては、足元からの地道な検討が足止めされ、また、地元の市町村間にこの計画を巡って亀裂を生じさせただけであった。廃棄物行政、特に施設の建設は地元にとって非常にデリケートかつ重要な問題であり、本庁にはその理解が欠けているのではないかと思った。

③キャンプ場の開発問題

山北町は自然が豊かで。夏になると渓流に多くのキャンプ場が開設された。特に酒匂川の上流の河内川には多くのキャンプ場があった。そのなかで、ウェルキャンプ場は、河川地域に勝手に橋を架け、許可を得ることなく、増設をどんどん進め乱開発を進めて問題となっていた。自分が着任前年の夏には、浄化槽があふれ、汚物が河川に流れる事故を起こしていた。このため、平成一四年度の当初、足柄上地区行政センターが音頭をとって、関係する土木事務所、自然環境保全センター、保健所、山北町、県庁の土地水対策課などが集まって対策会議を開いた。

そこで実態の把握とそれぞれ関係する法律でどのように対策を図るかが検討された。環境部は、河川に処理能力を上回る汚水があり、それが河川を汚染するならば、廃棄物処理法に違反する可能性もあることを述べ、厳正に対処すべきと主張した。自然環境サイドも森林法などの規制から告訴も考慮した対応を主張した。これに対して土木事務所は、河川法違反であるが、他の事例との均衡などで、指導は行うものの、訴訟まではどうかというスタンスであった。自分としては、公共の河川を我が物顔で開発し、自然環境を破壊しながら利益を上げていく事業者は許せないと思った。現地のキャンプ場で働いている職員にも話を聞いてみたが、カナダやヨーロッパなどのキャンプ場は自然との調和を大事にしてこんな勝手な開発はさせないと言っていた。自分は、こうした事実を公表して、利用客に訴えることを行ったらと思った。しかし、結局、行政センターは個別法で厳重に処分することはせず、全体で業者を行政指導していくという穏健な対策を図ることで、この会議が幕を閉じた。

この年の夏のお盆の時期に、やはり、浄化槽が溢れそうになった。行政センターで夜間、緊急に対策の検討が行われた。浄化槽の処理業者は、前年にその処理料金を払っていないとのことで、対応を拒否していた。センター所長から対応を求められたが、自分は地元の山北町の小宮課長に連絡し、事業者に処理を行うように求めた。課長はすぐに了解してくれ、翌日、バキュームカー一〇台がキャンプ場に向かい、処理を行って、キャンプ場を汚す危機は去った。

その後もこのキャンプ場は営業を継続し、さらに経営規模を拡大していった。そして、平成二六年八月一日、このキャンプ場のオートキャンプ場で、集中豪雨で増水した川に、キャンプに来ていた親子三人が流され死亡する大変痛ましい事故が発生してしまった。悪質な業者には行政として断固たる方針で臨むべきであるとの意を強くしている。

④職員や市町村との関係

環境の現場は、水質事故や廃棄物の規制もあり、専門的な知見が必要なことから、専門職の化学職が配置されている。自分のほかの五つの行政センターの環境部長はすべて化学職であり、事務職は自分だけであった。水質の事故の物質がどんなもので、また、廃棄物のどのような物質が環境に影響を及ぼすのかといった、一定のことは専門職でないと難しいかもしれないが、その大部分の仕事は事務職で十分であった。

環境部長会議などでは、当初は専門用語が飛び交い、居心地が悪かったが、段々慣れて、また、自分のセンターの事例や取組などを紹介するなかで、行政職しかできないような広範な取組などは他の環境部長も関心を引くようであった。最後の方では、大きな顔で出席し、意見も述べさせてもらった。

自分の部のなかにも二名ほど、化学職の職員がいたが、良い意味では専門的であるが、自分のエリアがあるようで、水質は水質、廃棄物は廃棄物というようにその中だけの専門性であった。事業などの進め方はよく言えば保守的、悪く言えば工夫や進歩がなかった。また、事務職員も若手は意欲もあり、さまざまな問題を熱心にやっていたが、なかには決められたことしかやらない職員もおり、市町村からの評判が悪かった。本庁と比べてはいけないが、やはり、職員のレベルはまちまちであり、基本的な法律の解釈、起案の作成などができない職員もいた。

自分は、年上の職員であろうと、専門職であろうとずけずけと問題点は指摘して、迅速な対応を図るようにした。できるだけ、先頭になって現場に出て、また、県庁や市町村との調整を図った。市町村の部長や課長とは、仕事を通じて信頼関係を持つことができた。地元の市町村は、エコループなど県の施策に大きな不満を持っており、自分に対しても「とかく県のやり方は…」と不満を言ったが、自分も率直に意見を述べた。環境の現場では、県と市町村は一緒に行うことが多く、こちらも市町村から環境測定などの要請があれば、迅速に関係部局と調整を図った。仕事以外でも、地元でたびたび懇親会を開催して、打ちとけた関係を築くことができた。

⑤足柄の生活

足柄上地区は、山が多く水もきれいで自然が豊かな、住むのに素晴らしい場所であった。田園のかなたに夕日に照らされる矢倉岳や富士山を眺めることができ、豊かな時間をすごすことができた。また、伝統のあるさまざまな行事も多く、秋は山北町の千人鍋でしし鍋に舌鼓を打ったり、また、冬は酒蔵の利き酒会で新酒を味わった。人情も温かく、不法投棄のキャンペーンでお付き合いいただいた南足柄市の加藤自治会長や山北町の藤沢連合自治会長の家にたびたび伺ったが、地元でとれた果物や自分で打ったうどんやお饅頭をごちそうになった。

仕事は朝が早かったり、事故などの対応で夜になったりした。横浜の自宅から通勤も二時間と遠く、臨時の住居として開成町の寮を借りた。寝具だけの簡素な住居であったが、酒匂川沿いで、事務所まで五分程度であり、非常に重宝した。時間的なゆとりがあると夕方に近くの南足柄市の大雄山最乗寺までジョギングしたり、酒匂川沿いをサイクリングした。帰宅しないと愚妻から別宅に誰か囲ってでもいるのではないかと邪心もされたが、周りは田んぼと川で繁華街などなく、寄って来るのは狸や鹿ぐらいのものであった。

この二年間は、自然に触れることもでき、神奈川県に勤務して本当に良かったと思えた期間であった。県庁では、岡崎知事が2期で退き、松沢知事が新たに知事となり、新たな施策を展開しようとしていた。たまに県から友人が来てその動向などを聞いたりしたが、県政から遠く取り残されているような気もした。しかし、県庁での仕事よりも、恵まれた自然の中での仕事に大きな魅力を感じていた。

◆コラム7　アウトドアの趣味（ランニング、山登り、バイク）

自分は基本的にアウトドア派であり、自然のなかで汗をかきのびのびするのが気に入っている。運動ではランニング、山登りが趣味であり、また、海外旅行なども若いうちは頻繁にでかけていた。

ランニングは、県に入った最初の職場で、四〇代のおじさんにマラソンで負けてから、以来、四〇年近く続けている。三〇代のころは、いくら走っても疲れず、どこまで走れるのかと思ったこともある。青梅マラソンや関東近県で行われる佐倉マラソン、勝田マラソンなどのフルマラソンも二〇回ほど走った。また、県庁の仲間と三〇年近く駅伝に参加しており、今でも、これは他のメンバーの総力の結果だが、全体で上位五分の一ぐらいの順位を保っている。ランニングは気分転換になり、また、汗をかいた後はビールがうまい。海外旅行をする時もズックを持ち、パリやバルセロナで朝の散歩ならぬジョギングをして、その町の状況を肌で知った。全盛期では、三時間ちょっとで完走していたが、今では、四時間以上もかかることもある。体力は徐々に落ちては来ているが、まだまだと思って続けている。県庁のクラブであるかもめ走友会にも結成当時から参加しているが、メンバーは年をとっても元気である。何より走ること

BMW650FS

が好きな素朴なメンバーと走り、一汗後に飲むビールは得難いものがある。

山登りは、就職してから独身時代に没頭した。当時は、槍ヶ岳、剣岳などの高山や近くの丹沢の山々を歩き回っていた。半ドンの土曜日などはリュックで出勤し、仕事後、そのまま山登りに出かけたりした。当時は40キロ近い荷物をしょっても、グループ内でルート探索も自ら率先してやっていた。自然が大好きで、山仲間とも行ったが、単独でもぶらりと歩き回るのも気持ちが良い。この趣味も、終生続けていきたいと思っている。今は、あまり高山を縦走というよりは、ひなびた田舎の山々で、自然を満喫できるような山登りが良い。

また、バイクは五〇代になって親しんだ。四〇代後半でバイクの免許を取ろうと思い、教習上には行かず自動車学校で習い、無謀にも二俣川の試験場での実技試験、いわゆる一発試験を受けた。車の免許も持っておらず、若者と違って実戦も足りず、試験は何十回となく落ちた。それにもめげず、ようやく中型バイクの免許を取れた時は本当にうれしかった。旅バイクの「スズキジェベル２００」をすぐに購入して、夏にはテントを積んで単身、北海道を回った。その後、大型バイク免許を取得し、かねてから憧れていた「ＢＭＷ６５０ＦＳ」を購入し、東北地方や山陰地方など日本全国を走り回った。バイクでの旅は新鮮で、電車の時間などを気にせず、好きなところへいつでも行けた。また、ユースホステルなどの宿では、年齢も職業もさまざまなバイク仲間が集まり、そこでの会話が面白かった。現在は目の調子が悪くバイクは手放したが、いずれ、また、快適な振動に身をゆだねてみたい。

(５) しばしのスポーツ行政（平成一六年四月〜平成一七年三月）

二年たち、新たな人事異動があり、自分は教育庁スポーツ課長となった。当初、どのような業務か皆目見当がつかなかったが、課員は二〇人程度と小さいものの、県内のスポーツ全般にかかわり、また、県内の多くのスポーツ施設を管理する重責であった。本庁課長の仕事はどんなものかと期待もしたが、思わぬ事態が待っていた。

①当時のスポーツ課の体質

スポーツ課では、伊勢原の射撃場の工事、厚木の県立スポーツ会館の市への移管、競技団体の補助金の適正化などの課題が山積していた。

スポーツにはなじみが深く、また、イベントは大好きであり、仕事に意欲を持っていた。課は三つの班に分かれ、課長の下に事務職と教員の二人の課長代理がいた。職員は事務職と教員出身の職員の二種類があり、事務は主に管理的な仕事、教員は国体等のイベントの仕事を主に担当していた。何でも以前は、課長は教員出身者であったが、体育系の大学は先輩と後輩の結びつきが強く、課長の出身によって、職員に偏りができたりする弊害が生じ、事務職に変わったとのことで、自分が確か事務職課長四代目であった。

私にとっては、初めての本庁課長職であったが、前の科学技術振興課で課長の補佐をしていたので、基本的には事務代理を信じて、対応を図れば良いと思っていた。着任早々、トップの教育長への懸案事項の説明があったが、課の課題について、事務代理に確認したところ、伊勢原の射撃場は年度末に解決しており問題はなく、教育長は関心を持たないと聞かされた。そこで、その問題以外の課題を中心に準備したところ、説明会において、教育長から、一番に「伊勢原の射撃場の課題はどうなっているか」と聞かれた。自分が「それは対応済では？」と答える間もなく、事務代理がとうとうと説明を始めた。最初から面目が丸つぶれであった。

次に大きな課題である厚木市へのスポーツ会館の移管については、年度早々には合意を取らなければならなかった。自分は今までの経過を確認するとともに、合意点として、一定の金額の範囲については機能を強化するために、市に対し増額する方向で財政課など庁内調整を図った。そのうえで、五月上旬、市の代表者と会う約束をした。合意を呼び掛けるものであったが、自分が厚木市に出向き、会議室に行ってみると、担当の部長以下一〇名程の職員が厳しい表情で待ち構えていた。自分が、「県も折り合いをつけるために、合意できる案を持ってきた」と説明すると、驚いたように、「一週間前に、今までの主張通り、県は譲歩しないという文書が送られてきた」と答えた。文書は私が全然知らないものであった。その場は、調整を図るために今後も話を進めようということで収めた。帰りの車で担当者に文書のことを詰問すると、課長代理レベルで文書を決済し、相手に送付したとのこと。すぐに、その課長代理と班長を呼んで、責任者が交渉の前面に出ているさなかに、その課長の知らない文書を相手に送付するとは何事かと強くしかった。戦国時代であれば、城主が和平講和に行く中で、家老が相手に宣戦を布告しているようなもので、こんな裏切り行為はない。今まで、こんな職場はなかったので、驚くとともに、課長職も楽ではないと思った。事務職の課長代理や管理の班長は、自分たちの判断で勝手にやり、自分を越して部長に相談するような調子であった。

彼らは、決して仕事はできる方ではなく、課の運営を任しておくことはできなかった。幸い、教員出の職員は仕事もしっかりしており、他の事務職も課長の方針に逆らうようなことはなかった。しかし、こうした職員の動向を常にチェックしなければならないのは、新たな負担となった。

なお、この課長代理とは、後年、自分が県土整備局企画調整部長の時に、またかかわることになった。出先の事務所で副所長をやっており、そこが福祉施設との関係でトラブルを起こし、施設側や議員たちの強硬な抗議もあり、自分が調整を求められた。事務所の対応が理不尽で施設職員に対し乱暴な言動があったとのことであり、特に副所長の態度は許せないとの意見が強かった。何度も出向いて相手の話に耳を傾け解決に努めた。この本人のためと思うほど、自分は人ができていないが、職務を忠実に遂行し、円満に解決にいたった。

スポーツ課はまた、国体やイベントの事業が多く、関係する団体も多く、議員や市町村長との関係も深かった。このため、県体協などに有力議員が後押しし、大きな影響力を有していた。スポーツ課長になるとこうした議員に入念な対応が求められた。新たな問題が生じると有力議員のところに相談することが多かった。議員は、政治的な面はうまく調整を図ってくれたので、助かる面も多かった。

当時の松沢知事もスポーツに関心が高く、知事経由でスポーツ課にいろいろな要請が行われた。自分は行政職員であり、当然、そのトップの話は、教育庁の上司に相談しながら対応を図った。ただし、場合によると両者の考えが相反するようなこともあった。いわば、板挟みであるが、従前の課長は議員の方に向いていたようであるが、自分は極力両者の間を取ろうと苦慮した。

②伊勢原射撃場の工事

当時、県立伊勢原射撃場は鉛の問題があり、その環境工事のため休業していた。射撃に使う鉛弾が周囲に散在し、それが土壌汚染を起こすために、土壌の改良と周囲の環境に影響を及ぼさない工事が求められていた。

周囲の汚染土壌は、秋田県の小坂製錬所まで運ばれ、鉛の除去が行われていた。鉛の処理を県外にお願いしていることもあり、自分も現地に挨拶と調査で行った。もともと、金属の精錬から銅や金や銀などを回収していた技術を鉛の回収と汚染土壌の浄化に利用したものである。大量の土壌の回収と浄化は莫大な経費と年数を要した。また、環境に適した施設の検討が行われ、鉛の汚染がなく、また、騒音にも配慮した施設の検討を協議会を設けて行っていた。競技人口は、県内で五〇〇人程度しかおらず、これに多額な税金を使うならば、競技人口も多く、やるのに経費のかからないサッカー場や陸上競技場の整備の方が適っていると思った。しかし、競技者に有力者が多く、近隣でも射撃場は少なく、また、害獣駆除のための猟銃の許可にも必要ということで、多額の経費が投入された。

自分の在任時期に、施設の改築の方針が立てられたが、その後、平成二五年四月に、改築され再開された。しかし、それ以降も環境との調和は継続した問題となっている。

③スポーツイベントの実施

この年の五月には、国体の関東大会が開催された。一〇年に一度、開催県になるものであり、主催者側は競技団体や会場との調整や、予算の調整に追われた。カヌー競技は山北町で開催され、前職での町とのかかわりが大いに役に立った。さすがに体育職員は、こうした調整に慣れており、また、自慢の体力を生かして無難に終了した。

秋には、埼玉県で国体が開催され、自分は、教育長とともに、大会役員として参加した。お揃いのユニフォームを着て、選手たちと競技場を行進するのは光栄であった。ちょうど、この開催日一〇月二四日の夜に、レセプションが開かれ、その会場には天皇皇后両陛下が参列されたが、乾杯のご発声とともに、ホテルの会場が大きく揺れ、シャンパンのグラスがガタガタと揺れたのを記憶している。終了後、これは甲信越の大地震であり、近隣の新潟・群馬県に大きな被害をもたらしていたことがわかった。

また、県のスポーツ大綱が改定時期であり、専門の教員職員を中心にスポーツ指針を作成した。スポーツ行政は、専門の競技者の育成を図る競技スポーツ、一般の県民にスポーツを進める生涯スポーツ、競技施設の充実を図る施設スポーツと三つの範疇に分かれるが、行政としては、生涯スポーツの振興に主に力を入れた。

その特徴的な施策としては、地域型総合的スポーツ施設の振興を図った。これは、地域拠点で、単独のスポーツだけではなく、バスケット、バレーボール、体操、レクリエーションといった地域で総合的なスポーツ施設の振興を図ろうとするものであった。これには、文部科学省も積極的に支援しており、神奈川県は、既に藤沢市や川崎市などでこうした実績を重ねていた。

県は、生涯スポーツの振興として、「３０３３運動」を提唱していた。これは、週に三日三〇分何らかの運動を三か月継続していこうとするもので、スポーツをくらしの一部として習慣化して県民の健康にも寄与しようとするものであった。さらに、県内に多くいるオリンピックや国体などの入賞者を活用して、県民にスポーツの振興を図っていこうとした。この指針は、外部の有識者の意見などもいただきながら、半年間でまとめ上げた。

県内では、多くのスポーツイベントが開催され、自分は、開会式や大会に出席した。特に、地域で行われる子供のスポーツイベント、女性のバレーボール大会等では開会式で挨拶を行った。何百人もの前での挨拶は最初は緊張したが、やがて自分と同じスポーツを愛好している人の前で話をすることが楽しみとなった。また、スポーツイベントでは、あこがれの選手に会うこともできた。サッカーでは当時の日本チームのジーコ監督や、体操のゴールドメダリストの具志堅幸司さん、かつてファンであった陸上長距離の田村有紀さんなどにお会いする機会を得た。

スポーツ課でも、夏には海を利用したスポーツイベントを実施した。当初、担当するセクションが多忙で、一〇月に開催したいなどと言っていた。自分は、海で開催なのに一〇月ではあまりに遅いと思い、九月に横浜市金沢区の海浜公園で開催することとなった。サーフィンの体験や、砂場での砂山づくりなど、催し物で、二〇〇〇人を超す人が来場した。スポーツ課の職員は、さすがに、イベントの進行は慣れたもので、その手際よさに感心した。

④組織での不調和

課長になって、一部職員の扱いには悩まされたが、これは、課レベルだけの問題でないことがだんだんわかってきた。

ある時、議会の答弁の調整をして、週末なので、遅くなって職員に負担がかかってはと思い、「自宅で見てくるから打ち合わせは、今日は終了」と職員に告げ、自宅で原稿に手を入れて、月曜日の朝に課内で打ち合わせることとした。月曜の朝、関係職員を呼んで打ち合わせをしようとしたところ。所管の上司が答弁調整をするので、来るようにとのこと。早速、行って机上を見ると、先週の直される前の原稿があり、それによって上司は調整するとのことであった。

責任者の課長が見ていない原稿など、責任もとれず、直したものに変えるように要請したが、上司は聞き入れずそのまま、その原稿をもとに検討となった。

課に戻り、だれが自分の承諾もなく提出したのか問いただしたところ、くだんの事務代理が、部の担当課長に頼まれ横流ししたとのこと。こんな仕事のやり方はないので、事務代理にきつく注意するとともに、担当課長に説明を求めたところ、上司が先週までの提出を依頼していたので、スポーツ課から出させたとのことであった。自分と同期の担当課長であったが、責任者の課長に断らず、まあよくこんなことをしてくれると思った。また、上司も仕事の筋を通さず、自分に対する信頼感もないことを悟った。

当初、この上司は、人あたりもよく、最初は仕事のやりやすい人だと思ったが、課で対応している事案を報告に行くと、その話は自分に預けさせてくれといって、その後、返事がなく、対応が遅れることが多かった。前のセクションの時もそうであったようで、異動後、数か月たっても前のセクションの課長連中が対応の確認に日参していた。自分は、その職にあるときに、その役割を果たすのが幹部の仕事だと思っていた。懸案は次の人にしっかり引き継ぐべきであり、こうした仕事のやり方は責任が取れず、行政の遅滞を招くだけで何の利益があるのか疑問に思った。

また、ある議員から伊勢原射撃場の関係で工事の発注時期を事前に知らせるように依頼を受けたが、うっかりし連絡が遅れたことがあった。議員は激しく怒り、上司に話をするといって、電話で抗議した。議員に連絡をしなかったのは自分のミスであったが、それは、さほど重要なミスでもないと思った。上司にその件で状況説明と謝りにいくと、けんもほろろに、事の重大さよりも議員の感情を荒げさせたことを叱責し、冷たく詰問した。ちょうど、議会の時期であり、議員はこれをもとにして、常任委員会で伊勢原射撃場の問題について厳しく質問すると言ってきた。今までの経験から、組織的にはサポートしてくれるかと思ったが、教育庁の幹部の態度は冷たく、自分で勝手に対応すればというものであった。

仕事においては、伊勢原射撃場、県央体育センターの移管、競技団体への補助金の整理など、大きな課題に一区切りをつけたと思ったが、教育庁のなかでは息苦しさを感じていた。

年度末になり、異動の時期を迎え、部下の異動について総務室へ説明に行き、ある職員が団体の職員に電車内で絡まれたことを話した。その団体に派遣するのは他の職員に願いたいと依頼し、課職員の異動についての考えを述べた。しかし、教育庁の人事案はすべて自分の要請に反したものであった。強く、総務室に抗議したが後の祭りであった。

内示の日、自分自身は一年目であり異動はないものと考え、さあこれからだと思っていた。しかし、突然、異動を告げられ、一年で教育庁を去ることになった。大きな課題について、一応の区切りをつけ、これからスポーツ行政の充実を図りたいと思っていたところであった。前を向いて仕事をやれば良いだけでない、現実の厳しさに触れた。どうも、組織は仕事の結果よりも、従順な課長を求めているようであった。

こうして、スポーツ課長は一年で異動となった。後で、人づてに聞いた話では、教育では有力議員の意向もあり、教育庁の幹部もそれに応えたということで異動となったとのこと。知事サイドから、もったいないので（？）知事部局で使うようになったとのことであった。仕事や関係団体にも慣れてきたところで、残念という面もあったが、狭い教育庁から脱出でき、やれやれという解放感も大きかった。

◆コラム8　野毛の名店めぐり

野毛はＪＲ桜木町駅の西側のエリアで、終戦当時から続く、二〇〇軒近くの飲食店が立ち並ぶサラリーマンの憩いの場である。自分の小学校の学区内であり、子供の時は、おじさんたちが昼から屋台で立ち飲みをする、あまり近づきたくないところであった。今は、自分がそこへ好んで通っており、歳月の流れを感じる。

野毛は県の新入職員にとっては、最初の登竜門であった。上司や先輩に連れられ、普段は口も聞けないようなえらい部長さんや課長さんがいて、言葉をかけてくれ、うまくいくと一杯ご馳走になった。店も決まっており、大体一軒目は、係の御用達の店、二軒目は課員や同じような職場のメンバーのたまり場であった。

今では、みなとみらい地区の開発により、県庁から野毛までの距離が延びてしまい、若い職員も野毛をよく知らない。しかし、まだまだその魅力は残っており、ファンは多い。

野毛は、古い店が多いが趣があり、料理もうまく値段も安い。店それぞれに焼き鳥、魚料理、クジラ料理、フグなど特徴があり、何軒かを飲み歩いても面白い。でも、最近は存亡が激しく、気が付くと老舗が閉店していて、とても残念に思う。長年通った「きらく」は、マーちゃんというおばさんが県職員を夜遅くまで、温かく迎えてくれた。職員通で人事異動など職員よりもよく知っていた。「山荘」は、二次会、三次会でカクテルなどを飲むのにふさわしい落ち着いたムードがあった。「いざよい」も昔の野毛を彷彿とさせる落ち着いた店で、親しい仲間とゆっくり飲むのに適していた。いかの足を天ぷらにしたゲソ天はカリカリしていてビールにもよくあった。こうした店は今はない。

現在は、ワインバーなど若者向きの店も増え、客も増えているようである。昔のおじさんたちサラリーマンばかりから、若者や女性客が増えてきている。

そうした中で、自分がよくいくお薦めの店をいくつかあげておきたい。

まずは、「鳥茂」。焼き鳥から魚までレパートリーが多く、いかにも野毛というムードが漂う。横町にある小さな店であるが、千客万来で、林横浜市長もたまに見られるとのことである。

「トミー」はフグから天ぷらまで、ご主人と奥さんの二人で賄っている家庭的な店である。店舗は新しいが、落ち着いた感じで、いくら飲んでも値段が非常に良心的でびっくりする。是非、このまま続けてもらいたい店である。

「だるま」は知る人は知るご主人山本さんが握る野毛小路の入り口にある寿司の店である。常連のお客と語りながら、握っているご主人はとても八〇歳には見えない元気さで、カウンター越しの話は落語を聞いているようで味がある。寿司とともに会話が楽しめる店である。

「武蔵屋」は横浜で有名な店であり、一見すると普通の民家である。この店の隣は小学校の同級生の家であった。店は、年配の二人のおかみさんがきりもりしているが、原則、お酒は三杯までで、そのつまみも湯豆腐など決まっている。ほろ酔いで帰って

「だるま」の親父さん

もらおうということ。現在は、週に二回ほどしか開店しておらず、また、非常に混むので、うまく店には入れたら幸運である。

野毛は、反対側のみなとみらいとは好対照な古い時代を感じさせる、人情溢れるエリアである。みなとみらいは、輝いているが何かパサパサと乾燥しているような気がして落ち着かない。それに比べて、野毛は人間的な温かさ、しっとりとした湿り気を感じる。どうか、再開発などにより味気ない街にならないように、いつまでも残っていて欲しいものである。

5　どこまで続く廃棄物行政

（1）たっぷり廃棄物行政（平成一七年四月〜平成二〇年三月）

平成一七年四月に、廃棄物対策課長の人事異動の発令を受けた。廃棄物対策課は組織的には、上司に廃棄物行政全般を所管する担当部長がいて、廃棄物処理施設は参事が担当しており、課員は五〇名にも及ぶ大所帯であった。その直後に、当時の尾高副知事に呼ばれた。そこで、廃棄物対策課長として、何よりも職員の健康管理と組織の活性化を図ってほしいと言われた。廃棄物行政はダイオキシン問題や最終処分場の建設など課題山積であったが、まずは職員のことを言われたのは意外であった。廃棄物対策課は忙しく、職員のメンタルの病欠者が多いとのことであった。

課長に着任すると、前課長が引き継ぎ資料を見せながら、「引き継ぎは何もない、何も聞くな」といかつい顔をさらにいかつくして言った。最初は冗談だと思ったが、表情からどうもそうでないことが分かった。この課長もかなり、仕事に追いつめられているのかなと思った。課は五班ほどあるが、各班に一人程度のメンタルの職員がいた。また、電車内で痴漢の疑いで収監されている職員もいた。メンタルの職員は、中には休んでいる職員も、職場に出ている職員もいたが全体で六名もいて、組織の態をなしていなかった。庁内では廃棄物対策課は職員が最も行きたくない所属とされていた。また、過去には課長も病気になったり、短い人は一年も持たず交代したりしており、課長としては鬼門のポストであった。

まず、自分は職場の環境改善だと思い、職員の仕事の進め方をみた。すると、仕事の難しさもあるが、職員は夜遅くまで残り、また、職場で技術担当の職員が怒鳴っていたり、殺伐とした職場であった。自分は仕事のメリハリをつけるために、仕事の打ち合わせは極力、勤務時間内として、自分も勤務時間外には仕事を命じないこととした。また、部下を怒鳴っている幹部職員には、冷静に話し声を荒げることのないように指示した。

仕事は、さまざまな業者の指導や、複雑な法律や通達についての市町村や現場への指導であり、根気よくやる必要があり、また、その量も膨大であった。しかし、自分は足柄上地区の環境部長として現場での経験もあり、理解はしやすかった。何より、廃棄物行政は不法投棄の防止や環境の破壊を防止し、また社会の中で重要な役割を果たしている分野であり、やりがいのある仕事と思っていた。

①廃棄物行政とは

ともかく、廃棄物行政は関連する法律は複雑であり、現実の動きに法律の規制が追いつかない状況であり、毎年、法律が改正された。そもそも、廃棄物の定義にあっても、有価物でないものとされるが、それが有価物であるか、つまり価値があるものか否かは、社会の状況によっても変化していく。たとえば、有名な「おから事件」においては、おからを不適切に保管していることが廃棄物処理違反で不法投棄といえるかどうかが問われた。通常は有価で取引されていても、それが大量に保管されれば価値のないものとして、不法投棄または、不適正処理となる。

青森県と岩手県との県境における１００万トンもの大量の不法投棄事案においても、業者側は当初、それを肥料であると主張し、当局がそれを看過しているうちに、自然豊かな地域に全国から大量の廃棄物が集まり山積みされてしまった。その処理には６６０億円もの費用と長い年月を必要とした。この当時、日本で最大の不法投棄現場については、自分は、五月上旬に自慢のオートバイ（ＢＭＷ６５０ＦＳ）で視察に行った。場所は緑に覆われた景色のよい辺鄙な丘の上にあり、どうしてこんな場所に全国から大量の廃棄物が集まってきたのか不思議な気がした。規制や監視が働かなければ、日本全国どこでも同じようなことが起こるのだと思った。

県内の事案においても、廃材などが不適正に山積され、それを法律にのっとって指導を行わなければならなかった。廃棄物であるか、一時的に置かれているかは大きな分岐点である。また、廃棄物処理法の条文も社会状況によって、毎年改正されてきていた。これにさらに、容器包装リサイクル法、家電リサイクル法、建設リサイクル法などのリサイクル関連の法律が平成一二年から一四年にかけて次々と施行され、新たなリサイクルについての指導を進めなければならなかった。こうした法律を適格に運用して、実際の業者指導や市町村との調整を行うのは、なかなか骨の折れる仕事であった。

県と市町村の権限も複雑であり、横浜市、川崎市、横須賀市、相模原市は産業廃棄物処理において、県と同様の権限を有し、その市域内においては、県と同様の業務を行っていた。しかし、県には県域全体の調整を行うことが求められていた。このため、産業廃棄物所管の市とは、会議を頻繁に行う法改正や業務指導の調整を図っていた。特に横浜市の伊藤課長、川崎市の漆畑課長、横須賀市の圓谷課長などとは、共通する困難な問題について共感するところが多かった。また、メンバーはそれぞれ化学職であったが、趣味が多彩で楽しい人が多く、いろいろ仕事で協力してもらえ、退職後もおつき合いいただいている。

②不適正処理の防止条例

当時の松沢知事からは、海岸や河川に不法投棄が目立ち、これを何とか条例で罰則を設けるなど規制できないか検討するように指示があった。知事は、美しい景観を保持するために罰則を設けているシンガポールのやり方を頭に描いていた。条例の検討に当たっては、上智大の北村教授を会長とする学識者等による検討会を発足し、また、市町村にかかわることは横浜市等4市と調整して検討することになった。事務レベルでは、上司の森田担当部長も意欲的であり、担当する班もしっかりしており、検討体制は整っていた。自分は、大きな論点を整理し、また、市町村や関係する機関との調整を主に図った。

まず、論点になったのは法律と条例との関係であった。廃棄物の規制は廃棄物処理法で「何人も、みだりに廃棄物を捨ててはならない」（第16条）と廃棄物処理法の中では、珍しく簡潔で明確な規定があり、これには五年以下の懲役若しくは千万円以下の罰金という厳罰が科せられる。これに加えて条例で規制がかけられるかがポイントであった。結局、条例と法律の関係から、法律で決められている事項について条例で定めるのは適当でないということで、義務は課さずにあるべき規定を定める理念規定となった。

また、当時、県内で問題となっていた建材等の保管について、どのような規制をかけるかが問題であった。これについては、県内の状況を調査し、その実態を把握することによって、100平米以上の保管について届け出を出させ、規制をしていくことになった。さらに、条例の及ぶ範囲であった。不法投棄等について、県の条例が4市に適用されるか問題となった。川崎市、横須賀市、相模原市は県の条例適用で問題がないとしたが、横浜市が最後まで抵抗した。

横浜市としてのプライドか、県の条例の適用は受けたくないという感情が市の幹部にあった。課長レベルでは、不法投棄の防止等について、広い考えに立ち県条例で取り締まっていこうという意見が強かったが、市内部で上層部が反対しているようであった。何度か、部課長レベルで調整し、条文も市の意見を踏まえながら、当面、4市についても適用が図れるように調整した。これには、日ごろの課長どうしの結束が生きたと思っている。

こうして、一年間の検討の結果、本県の「不適正処理の防止等に関する条例」が平成一九年四月一日に制定された。

なお、この条例の施行に合わせて、海岸での美化運動を行政、市民、関係団体で行う「クリーンビーチかながわ」を七月に藤沢市内の県立湘南海岸公園で実施した。イベントは企業協賛により資金を集め、実行委員会方式で実施された。これは行政センターでの事業の手法を生かしたものである。当日は松沢知事や、歌手の白井貴子さん、アルピニストの野口健さんなどが参加し、楽しく盛大に行われた。

また、不法投棄を現場で展開する行政センターの機動力を向上するために、専用車を配置して強化を図ろうとしたが、財政当局ではこれに対処してくれなかった。このため、自動車販売協会連合会の神奈川県支部に自ら出向き協賛を求めた。この結果、これに応えてくれ、日産エクストレイルを一台、県に寄付してくれた。この車は、不法投棄防止の標語を車体に表示し、湘南地区行政センターに配車されることになり、現在も活躍している。

◆コラム9　インドアの趣味（将棋、落語、スペイン語）

将棋は、大学時代に将棋部で楽しんだ。段位はアマの三段であるが、現在の実力は初段ぐらいか。現在も、大学の将棋部のメンバーと年に一回程度、集まってはバチバチやっている。たまにあっても、すぐに将棋場に向かい、ろくに雑談もせずに一心不乱に対局する。大学では学園祭で、当時の大山永世名人をお呼びしたことがあった。名人は穏やかな表情であるが眼光は鋭く、現実を見据えた考えをお持ちであった。部員と対局してもらう予定だったが、こちらの実力を読まれたか「そんなことよりも、色紙でも売って皆さんも儲けなさい」と正解手を告げられた。おかげで、学園祭の後、その売り上げで、部員みんなで大宴会を開くことができた。

将棋は、現在も良い気分転換であり、毎週日曜日のＮＨＫの将棋対局はビデオに録り、楽しんでいる。現在、コンピューターがプロの高段者に勝っているが、昔は、将棋は取った駒を使えるので、チェス、囲碁の後であろうといわれていたが、囲碁よりも早く、また、かなりのスピードで強くなった。その要因は、現実のプロの対局を記録させ、そのエッセンスを取り入れていることである。コンピューターが強いといっても、その知識は人間が生み出したものなのである。これは、ほかのコンピューターの新たな活用にも生かせる考えだと思う。人間の作ったベース、経験をどのように取り組んで新たな道を開いていくかということは、ほかの分野にも共通しているのではないかと思う。

落語はもっぱら、古典の古今亭志ん生、志ん朝、立川談志が好きで専らCDで楽しんでいる。特に志ん生の「千早振る」「風呂敷」、志ん朝の「火焔太鼓」などは何度聞いても楽しめる。寄席にも出かけ、浅草演芸ホール、上野鈴本演芸場や横浜の「にぎわい座」にもよく出かける。独演会なども聞きに行くが、一度、東京の銀座のホールで、立川志らくを飴をなめながら聞いていたら、隣の学究肌の若いお兄ちゃんに注意された。落語を聞くのにクラシック音楽を聞くのでもあんめいやと思った。落語は豆菓子でも食べながら、

寄席でのんびり聞くに限る。

語学は四〇歳のころ、渉外部にいたころ英語のレッスンに凝っていた。英会話の仲間とロサンゼルスやラスベガスなどに旅行したりした。一つの区切りとして英検を受けたりもしたが、何度も失敗した。結局、持ち前のあきらめない性格が幸いし、四〇歳代半ばで準1級に合格した。面接では、若い女性の面接官の前でしどろもどろであったが、おじさんが必死に話すのに同情したのか、合格点をいただけた。

ここ数年はスペイン語を習っている。もともと、大学も外大のスペイン語専攻と思っていたくらいで魅力を感じていた。今、通っている教室は、自主的に運営しているもので、JAICAの石川菊枝先生を講師に招いて、毎週、開港記念会館で実施している。先生の、それぞれのレベルを尊重してくれる温かい人柄とユーモアで会員も二〇名程度、長く続けている。自分も、毎週冷や汗をかきに通っている。

スペイン語は二〇か国の公用語で、五億人以上に使われている言葉で、スペイン、南米諸国で使われ、また、アメリカ合衆国でも多くの人に使われている。語順や読み方も平易で、なじみやすいが、他のラテン系と同じく、動詞が時制や主語で変化し、一つの動詞で一〇〇近い変化をする楽しい(?)言葉である。

県を退職後、平成二六年の五月にスペインへ単身で出かけ、その通用度をためしてみた。部屋のカギをなくしたり、街で迷子になった時にスペイン語で聞いてみたが、現地の方には残念ながら通ぜず、結局、英語で確認することになった。まだまだ、実戦には程遠いが、二〇二〇年の東京オリンピックでは、候補地のライバルであったスペインの方々をおもてなししたいと思っている。

③最終処分場の開設

本県は「廃棄物の県内処理100%」を提唱しており、県内で唯一の産業廃棄物の最終処分場である「かながわ環境整備センター」(横須賀市芦名)は、平成一七年四月にオープンした。構想から一二年、地元の調整や多額の費用を要した処分場であり、54万立米の処理能力で、県内の適正処理を推進する拠点であった。着任してすぐの平成一七年四月二八日に開所式があり、セレモニーの司会を務めた。自分は建設にあたって何も貢献していないが、先人たちには今までの地元との調整や、環境負荷の軽減のための施設の建設には多くの労苦があった。特に建設が一時、挫折しようとした時に、当時の岡崎知事が地元の住民に直接したためた熱意ある手紙が、住民の信頼を得たとのことで、その後、調整が迅速にすすめられたということである。

地元の自治会長をはじめ地元の自治会の方々は、最終処分場の運営に深い理解を示してくれた。もともと、県内の唯一の県立の産廃最終処分場の建設に当たっては、長い年月にわたり、地元と県との交渉・調整が行われた。そして、横須賀市芦名地区に安全性や環境に配慮した管理型の処分場を建設することができた。供用開始後も、水質などの検査結果を公表していくとともに、施設も開放し、地元の方々との交流を図っていた。地元の自治会の役員の方々は、県内で最終処分場はなかなかできないので、この芦名の処分場を大事に使ってほしいと理解を示してくれた。自分は、課長時代にも地元の方々と頻繁にお会いしたが、担当の参事になってからはより一層、連絡をとるようにした。料金の改定や、搬入する品目の改定にあたっても、県として十分に説明を尽くしたが、地元は県を信頼してくれた。全国でも県立の産廃施設はたくさんあると思うが、これほど、地元との関係がうまくいっているのは他にないのではないかと思った。こうした信頼関係は今までの地元と県との間で培ってきたものであり、大切にしていかねばと思った。

開所後、問題になったのは、思ったよりも搬入量が少なく、約80万トンの処理量を一〇年間で埋めるところが、毎年、1万トン程度の受け入れしかないことであった。これは、県内の処分場の容量を確保するという観点や、リサイクルが進み最終処分量が減っていくという点では好ましいことであったが、県の財政当局からすると、130億円にも及ぶ設備投資を回収するのに、収入が十分でないことになる。自分は、できるだけ利用はすすめるが、長期的な観点から短期間で埋めてしまうのは、県にとってもマイナスが大きいことを主張した。県内に二度とこうした施設は建設できない。しかし、財政当局は、今が良ければ良いという観点でともかく、予定の収入を確保しろとのことであった。自分は、所管課長として、担当セクションにセールスの徹底を指示するとともに、自らも産業廃棄物協会を通じて、県内の中間処理施設に利用を呼びかけ、また、大手の業者には自分で出向いて利用を呼びかけた。しかし、リサイクルが進んでいること、利用料金が民間に比べて割高なことから、収入はなかなか増やせなかった。すると、財政当局は収入の足りない分2億円について、課の執行を抑えるといってきた。年間2億円もの抑制は課内では不可能である。理不尽な措置であり、強く抗議したが、当時の部長は財政出身であり、これに理解を示し、部内と課の執行を抑制することになった。困難な廃棄物行政を行いながら、他の課の事業まで影響させ肩身の狭い思いをさせることは忍びなかった。財政当局は、単年度の予算の帳尻を合わせることに躍起になり、長期的かつ県全体をみる視野の広さに欠けている。それ以降も、処分場の収入については、財政当局から、予算・執行面の締め付けがかかったが、その後、東日本大震災があり、全国的に災害廃棄物の処分が大きな問題となった。県内に産業廃棄物処分場を持つことの重要性が改めて証明されたのではないかと思う。

自分は、財政当局にも機会あるごとに長期的な展望に立った廃棄物行政の実施を訴えた。しかし、県では特権的な部署であると思っている財政課では、予算主任からして聞く耳を持っていないようであった。単年度ごとの予算であり、また、そのなかで自分の力を見せなければならないと思い、ともすると近視眼的な見方しかできないような職員が多くて閉口した。財政の職員には、「そんな机上の空論を言うならば、異動して廃棄物対策課で実際にやってみろ」と言いたかった。事業局は少なくとも予算もある程度独立してできる横浜市のような体制でなければ長期的な視点に立ったダイナミックな施策は無理であると痛感した。

④議会での答弁

廃棄物対策課は、廃棄物やリサイクルが生活に大いにかかわってくることもあり、本会議の質問や常任委員会での質問が非常に多かった。特に課長が答弁する常任委員会や予算委員会、決算特別委員会での質問が多く、所属する環境農政常任委員会では、常にベスト3（？）以内にランクされていた。前任課長は、質問の前日は夜中まで質問の想定を職員に作らせていたようであるが、自分はそこまでやらず、時間内に課員に基礎的な資料を作ってもらい、あとは自分で確認していた。できるだけ、職員には議会で負担をかけたくなかった。

最初の頃は、適正処理の問題から、ダイオキシン対策、各種のリサイクルの問題など幅広い質問がでてそのたびに、どぎまぎして答弁をしていた。最初の決算特別委員会では、一番バッターとして、全く想定していなかった廃棄物の処理量について質問され、答えにならないような答弁をして冷や汗をかいたものであった。段々、回数を重ねてくるうちに基本的な質問には動じなくなった。しかし、不法投棄の条例制定に関しての質問や、最終処分場の料金の改定の問題など見解が分かれるような問題については、なかなか一筋縄ではいかなかった。当初、教育の時の経験が頭にあり、議員の対応は用心深く行ったが、いろいろな会派の議員に接触してみると、個人個人は説明すれば理解してくれる人が多いことが分かった。ただし、会派の方針にぶつかるような重要な施策は、課長だけでなく、部長など部の幹部も含めて、組織全体で対処する必要があった。

自分は、質問について、真正面から答えようとするので、議員によってはガチンコになり、意見が合わなければ相手が何度も追及するようなことがあった。真正面に立たず、ひたすら議員を立てたり、答弁を何となくずらしてはぐらかすような高等戦術はとらなかった（とれなかった）。常任委員会では隣りの女性課長が弁舌はさわやかだが、長々と訳が分からないような答弁をしても、議員がうなずいて理解を示しているのを見て、女性は得だなと思ったりもした。ともかく、まっすぐにできるだけわかりやすい答弁を心掛けた。決算特別委員会では、あるベテラン議員が処分業者からの要請を受けて、民間の処分場に比べ県の処分場の料金が高いのではないかと追及した。所管の参事が答えられなかったので、自分が代わりに答弁に立った。

そこで、相手が望んでいる料金を検討するというような答弁はせず、適正処理をするには決して高くはないと答えたら、議員は納得せず、議会の進行が止まってしまったことがあった。翌日の新聞には久しぶりに議会が盛り上がったと書かれたが、上司からは議員とはぶつからないようにとの注意を受けた。

本会議の答弁の作成については、できるだけ時間をかけずに、職員の負担を軽くしようとした。そのため、質問があると答えの要点と資料は職員に作成してもらうが、答弁は自分が考えて作成した。秘書課での知事との答弁調整の経験を生かした。あまり時間をかけずに課の原案はできたが、それが部の案になるのは、部の幹部との調整が必要であった。その質問作成に要する時間は部長の考え方、仕事の捌きで大きく左右された。一度、海岸の不法投棄に関する質問について、余裕を見て締め切りの五日ほど前に原案を出したところ、部長から全文修正の要請が出て、何度も書き換えたが部長は了解しなかった。そのうち、質問提出日の直前になり、最後に直しの収束がつかなくなったか、修正文は課長に任せると言ってきたので、最初の文案を提出した。するとそれがそのまま、知事答弁となった。部長の気分一つで、えらく時間が無駄になるものだと思ったが、それが、職員の大きな負担になり、それがほかの業務に影響することは避けたかった。

（2）試練の三セクの解散（平成二〇年四月～二二年三月）

三年間も激務の廃棄物対策課長に耐えた者はなく、正直よく持ったと思った。自分なりにいろいろなことをやり遂げたと思ったが、長い期間いるうちに、周囲の課長はほとんど異動し栄転していった。難しいポストを何とかこなし、職員でメンタルに不調を訴える者もほとんどいなくなったこともあり、次は晴れて新たな分野でと期待していたが、見込みは外れた。

新しいポストは、廃棄物の担当参事だった。今まで、廃棄物対策課長をやって参事をやった例はなかった。課長職を合わせて六年もやり、通常よりも年数がかかり、自分より若手がどんどん上位職に就いていたが、一応、昇格であった。自分としては、廃棄物行政の世界から脱出できるものと思っていたが、心機一転とはならなかった。勤務期間が長くなる傾向は管理職になっても続いていた。

部の幹部には後任の課長には今までのこともあり、人物として幅広く職員管理のできる職員を何度も部に要請した。しかし、その期待も裏切られ、今まで、所属の運営で何かと課題が多いとされていた課長が配置された。

新たな仕事は、県立最終処分場の運営と、県と横浜市、川崎市で建設したかながわ廃棄物処理事業団の経営立て直し、市町村の広域化の調整を図ることの三つで、廃棄物対策課内に席があった。今までよりさらに困難かつ緊急を要する職務であり、二つの処理施設の経営は何か手を打たねばならない時期に来ており、市町村の処理施設の広域化も待ったなしの問題であった。今までの課長職と違って、専管の業務であり、廃棄物施設関係の班員は三人であり、広域化は五人の班員であった。環境農政部に属していたが、担当の廃棄物事業については、一義的に参事が責任をとるような体制であった。

そして、この二年間は、今までの県行政で味わったことのない難しい問題に直面した。年齢も体力にものをいわせていた四〇代を超え、五〇代なかばにさしかかり、体もいろいろと変調をきたしてきた。しかし、困難な中で貴重な経験をさせてもらったと思っている。

①ごみの広域処理

市町村の一般廃棄物の処理については、横浜市、川崎市、相模原市を除き、県内を六つのブロックに分けて、広域化で対応することにしていた。その中で、最終処分場や焼却施設の設置や、費用の分担を決めていた。多くの市町村は調整が整っていたが、二つのエリアで広域化がもめていた。県は広域化を進める観点から、調整や技術的な指導を行っていた。

一つは、平塚市、大磯町、二宮町のブロックで、二宮町は割り振られていた中間処理施設の建設について、地域での訴訟のあることもあり反対し、広域化から脱退していた。しかし、現実のごみ処理に苦慮し、広域化に復縁することを希望していた。こうした中で、県も仲立ちして、その広域化への復帰のサポートをしていた。平塚市、大磯町も一方的に脱退された感情的な問題もあり難航していた。自分はそのため、合同の会議に出席し、3市町の仲立ちを図った。また、二宮町の当面のごみの処理について、横浜市などの団体を紹介した。何回かの会議を開催する中で、3市町は歩み寄り、平成二一年三月、二宮町は再度広域化に復帰した。

また、横須賀湘南地区では、鎌倉市、逗子市が焼却炉の建設の検討を行っていたが、なかなか意見が合わず、その仲立ちの意味もあって会議に出席した。さらに葉山町が当時の町長の意向で、ごみゼロを図る施策を打ち出し、横須賀市・三浦市との広域化から離脱した。県としては、広域化へ復帰を働き掛けたが、町の施策として、施設に頼らず分別収集の徹底や減量化・資源化を進めている。なお、生ごみの資源化は、ごみを燃やさずに、発酵させメタンなどのエネルギーとして利用しようとするもので、環境に負荷を与えないためのものである。しかし、実際の運用は、その分別の煩雑さ、技術的な課題やコストなど課題も多く、実現化はなかなか難しいものがあった。

こうした広域化は、一般廃棄物の処分がもともと市町村の事務であり、県としてもその立場が難しかった。また、施設の建設地、ごみの処分方法、処分費など市民に直接にかかってくるだけに慎重な対応が求められた。自分は、今までの足柄上での広域化の経験を活かして市町村の協調を促した。また、実際のごみの処理に困る団体にあっては大都市とのパイプを使って仲立ちを図った。さらに、技術的な面からの指導を県の技術職員を使って行い、施設関係の申請などは、環境省との調整に努め、市町村のサポートに努めた。

②事業団の経営再建

ア．経営の改善

喫緊に問題となっていたのが、川崎市臨海部にある県と横浜市、川崎市が共同で設置した「かながわ廃棄物処理事業団」（以下「事業団」）の経営再建であった。これは平成一二年に県が「廃棄物の県内処理100％」を提唱し、県内の廃棄物の中間処理施設（焼却施設）として、建設費用132億円の巨費を投じ、県、横浜市、川崎市での三者で費用負担してかながわクリーンセンターを整備したものであり、第三セクターの事業団が経営していた。設立当時は、廃棄物の搬入も多く、経営もうまくいっていたが、一〇年がたち、リサイクルが進展し、また、近隣に同様な大規模な施設ができるにしたがって搬入量が減少し、経営も悪化し、近年は赤字経営が続いていた。

その経営再建は数年前から図られ、県は担当参事が中心となり、県と2市で経営改善が検討されていたが、改善はされなかった。

着任後、平成二〇年四月に早速、県と2市と事業団で検討会議を開催したが、具体の改善策はなく、事業団の横浜市出身の専務は、しきりにここから出る廃棄物を処理する県立処分場の処分料金の減免を主張していた。県立処分場の経営も難しく、県の内部で了解を得ることなど不可能に近く、最初にこうしたことを発言する幹部にあきれた。自分は、産廃協の協力や、地元の排出企業に利用を呼びかけることを提案した。2市は動きが鈍いので、自ら県内の事業者を訪ねて搬入量の増加をめざし、また、経営改善のための策を事業団にとるように指示した。当時の理事長は川崎市出身の人でまじめに尽力したが、なかなか効果が得られなかった。事業団の中も、公共のOBとプロパー職員が一緒であったが、公共の悪い面である動きが鈍く、効率を考えない面が強かった。また、市のOB幹部の身内がプロパー職員で採用されているような想像もつかないことが行われており、組織としての緊張感がなかった。営業活動を進めながら、焼却炉の効率を良くして、燃料費や薬品の削減を図ることを職員に検討させた。こうしたことを平成二〇年度に行っていたが、年度後半になると、いよいよ来年度の予算を検討するにあたって、今後の方針を立てなければならなくなった。

当時、川崎市は第三セクターである「かわさきコンテナーターミナル（株）」の経営について、裁判で市側が敗訴しており、経営の立て直しに非常に消極的であった。一方、県と横浜市はやるべきことをやって説明がつくようにしておきたいという考えであった。

年末になると、毎週のように三団体と事業団で会議を開催し、営業努力の結果や今後の見積もりなどについて検討を行った。営業努力といっても、県が取り組んだ対応の結果や、事業団の経費についてが主であり、2市はそれについて意見を言うという形であった。

当初は、三団体が一緒にとのムードもあったが、段々、立場の違いもあり、分離していった。一二月の暮れも押し迫った理事会の前夜のことは特に印象的であった。急に午後六時過ぎに、2市と事業団が集まりたいと言ってきた。理事会に出す来年度の搬入見込みのことで話し合いを持ちたいとのことであった。県の担当二人と用意した会議室に行ってみると2市の部課長と事業団の幹部が全部で二〇名程度机の片側に集まっていた。相手側は事前に打ち合わせをしたようで、理事会に出す県の案の搬入量や、最終処分場の内訳に疑問があるということであった。最終処分場の割合によって、費用が異なり、経営の収支分岐点が異なる。こちらは、二〇名を向うに相手に回す形となったが、事業団の理事長も相手側についていることが若干、ショックでもあった。双方の主張は分かれ、翌日の朝に、県の副知事の了解を得ることとなった。当日の理事会は何とか収束したが、内部で不信感を募らせることとなった。

年が明け、いよいよ来年度の事業団の存続が瀬戸際を迎えた。自分はあらゆる手立てということで、東京にある建設会社の本社を訪ね、社長直々に２０００トンもの分量の取引を確保した。また、環境省に行って所管の課長に何か搬入の元はないか聞き、農林省が汚染米の処分で困っていると話を聞き、所管の課に確認したが、これは、受け入れの問題がさまざまあり、実現はしなかった。さらに、県の産業廃棄物協会の協力を得て、協定を締結して、県内の排出事業者の一定割合を確保するようにした。こうしたこともあり、なんとか、収支のバランスの取れる搬出量の確保を図った。横浜市、川崎市にも搬入量確保の取り組みを依頼したが、さしたる成果はなかった。

そうして、予算の枠はできあがったが、新年早々、各団体と事業団に対する負担金を検討する段になり、川崎市は急に予算化ができないと言い出した。そこで、三団体の局部長レベルの会議を開催し、足並みを揃えることになったが、その席上、肝心の県の部長はどっちつかずの見解を示した。一方、横浜市は明確に今、事業団を切ることはできないと明言した。こうした動きの中で、結局、来年度、予算化はするが、新たに第三者による委員会を設置し、その動向を見て結論を出そうということで落ち着いた。平成二一年予算は、新たに収支の状況を見守り外部委員会を設置することを条件に三団体で認められた。委員会は二月に柴田悟一教授（現、横浜商科大学学長）を会長とし、弁護士、公認会計士、経営者等で構成された。この時に、手元の資金は3億円を切っており、年度内の経営を継続していくことも困難で、新たに収入の確保と支出の削減が続けられた。

平成二一年度になり、県の人事異動で、上司の部長も次長も変わり、次長には何とかかっての自分の部下であった職員が配置となった。自分は留任で、県も大変な時にいきな計らいをしてくれると思った。結局、川崎市、横浜市とも担当する部長が変わった。事業団の理事長も一年で体調を崩し、新たに川崎市出身の海野理事長となったが、明るい気さくな人で幸いであった。昨年から継続する幹部は三公共・事業団のなかで自分だけとなった。

年度が変わり、搬入量を増やす努力は続けたが、搬入量はそれほど、増えなかった。そして、処理費が増加していった。これは、量を拡大する中で、質の悪い建設廃材が多くなり、これに伴って薬品等の処理費が嵩んでいったことによる。

また、焼却炉も老朽のため、故障がちになり、これの修理のためにまた、処分量が減るといった状態で正に満身創痍であった。当時、ほとんど、席を温めることなく、県内外とセールスに回っていたが、体調の異変が生じた。冬の時期に腰痛をやり、こんなことは初めてだと思っていたが、こんどは、腸の調子が悪くなったと思ったら、こちらの排気口も急に悪化していた。四月に一度、地元の名医である松島病院で診察を受け、休みが取れないので、応急処置の手術を受けた。六月になり、ちょうど、東京都の企業にセールスに行き、環境省に要請をした帰り、痛みがひどくなり歩くこともかなわず、何とか、病院にたどりついた。こんな状態で歩くのはとんでもないと医者に怒られ当面の緊急手術となった。その後、夏休みが取れ、七月に本格的に手術を行うことになり、生まれて初めて入院を二週間ほど味わった。この入院は、仕事の疲れが取れ、また、もともと子供の時に親しんだ近辺に病院があったので、しばし、安らぎの休息の時間となった。

◆コラム10　議会対応のコツ

自治体に勤務していると、日ごろの仕事の中で、議会に費やされる時間や労力が非常に多いことに気が付く。これは議会の開催中の時はもちろん、閉会中であっても、議員に事業について説明したり、また、議会の要請に対応することが多い。言うまでもなく、議員は県民の代表であり、知事と共に県を動かす両輪の一つである。

議会対応は特に管理職にとってはその能力を問われるポイントである。自分は、最初のスポーツ課長の時に、議員対応で苦い経験をし、それを教訓として、どんな要請であってもより丁寧に相手の立場を考慮して対応するように努めた。それから、廃棄物行政、土木行政などで多くの議員に接したが、大きな問題を残すことはなかった。議員の方々は、個性的な人も多く、個人と接するとなかなか、興味深いものである。後半はむしろ、そうした議員に助けられて円滑な業務が進められた。ただし、問題によっては、会派全体の意思決定となるので、慎重にかつ組織的に行うことを肝に銘じておく必要がある。

私は、特に廃棄物行政を行っているときにさまざまな議員とおつきあいさせていただいた。常任委員会や予算委員会では、廃棄物行政の根幹にかかわる廃棄物処理施設の廃止について、厳しい質問がかわされた。議会の前に委員には十分に説明を行うが、その場は納得してもらえても、質問の場になるとそれぞれの会派の立場もあり、かなり厳しく追及された。一番、多い時は常任委員会の質問の三分の一程度を占めたこともあった。できるだけ事実を淡々と説明した。

施設を運営する第三セクターの経営が苦しくなって水面下で譲渡先を探しているときには、その後の方針にもかかわるので、そのまま説明するわけにはいかなかった。また、銀行とのバトルが行われると当日に予算委員会が開催されていたが、そこでも銀行との交渉を説明することは、交渉上、県に不利になるので、そのまま、事実を説明するわけにはいかず、歯がゆい答弁となった。議員は、そうした事情は知らず、言いよどんでいるとさらに追及の矢が来たが、ぬらりくらりと答えることしかできなかった。

中には、難しい立場を理解してくれる議員もおり、第三セクターの経営改善にあたって「行くも地獄で、去るも地獄だね」と最大限の慰めの言葉を言ってくれる議員もいた。まさにそのとおりであると思った。

議会は味方とまでいかなくとも、一定の緊張感を保ちながらも、お互いの立場を理解しあうことが何よりであり、そのスタンスをもってすれば対応ができると思う。また、組織全体にかかわるような事案については、幹部職員ともよく調整して、役割分担を決めて取り掛かれば、大きなロスはない。

イ．譲渡先を探して

搬入量は五月六月と営業努力で何とか増加することができたが、その単価は前年度と比べて25％も低下し、収入を確保することが困難になってきた。

こうしているうちに、知事から事業団を解散する手筈をとるように指示があった。このためには、新たに施設を買い取ってくれる相手を打診することになった。

まだ、経営努力をしている最中であり、譲渡を組織として決定したわけではないので、公にすることはできず、水面下で交渉を行った。まず、産廃協の幹部に、公表はできないがもし、売却するとしたら買い上げる意志がないか、次々と打診した。施設は公共で建設に１３２億円かけた当時は最新鋭の施設であったが、老朽化が進み、土地の賃借期間も一一年と限定され、現在は営業の採算が取れていないこともあり、先方も良い返事はなかった。いくつか打診し、断られるとまた、いくつかの企業に打診した。いくつかの有力な企業があったが、七月になると全て断られ持ち札はなくなった。

施設は操業しない場合は、撤去して土地を更地にして川崎市へ返却することになっていたが、その撤去費用でも10億円はかかる。施設の操業を止めるのでさえ、行政の失敗だとされるのに、それにさらに10億もの多額の予算要求はできず、大きな政治問題となる。さらに追い打ちをかけるように、公共の助成について、オンブズマンから訴訟が起きていた。状況を幹部に説明しても、何とかしろとの答えであり、二市は頼りにはならなかった。全く四面楚歌の状況であった。

八方ふさがりになり、さすがに、前途に不安を感じた。このころ、体調を崩し、しばし入院となった。復帰し、行動あるのみと思い、八月一日に、県内の企業に新たに目星をつけて数社、車で回ることにした。県内北部の相模原市内から県中央部まで廻った。そこで、会社の幹部に直接、話をすることとした。最初の会社は、会長が炉の状況や労働者の状況など詳しく説明を求め、強い関心を示した。次の会社においても、社長が応対し、会社として検討してみることを約束した。窮すれば通じるで、この日から急に目先が開いてきたことを感じた。

こうして、売却の方針を立てても買い手側がいることを確信し、県の幹部に伝えた。労苦を癒されるかと思ったが、世の中は甘くないもので、「売れなかった場合、責任が取れるのか」

と念を押された。売却に道筋が取れると、譲渡の条件を整備し、あとは三公共合わせての公表の段取りを決めることが課題となった。譲渡の条件としては、県内企業から廃棄物を受注し適正処理を行うこと、一一年後に川崎市に土地を更地として返還すること、現在の職員の雇用を原則とすることなどであった。この操業期間は経営の収支の均衡を図るには、あまりにも短いものであり、川崎市と調整してその後一五年間とした。

また、倒産処理にあたっては、清算型か再建型かという選択と、私的整理か法的整理かという選択の二側面がある。事業団の場合、経営再建の見直しが立てば、民事再生手続きによる再建もあるが、その見直しが立たないので、清算型となる。また、私的整理か法的整理かについては、法律の手続きによった方が債権者間による任意交渉よりも手続きが明確であり、公平性・透明性が図れるので、法的整理の破産手続きによることとした。また、これによると財源措置として、第三セクター等改革推進債の対象となるというメリットもあった。

ウ．解散の発表

経営の状況を検討委員会に報告し、最早解散の道しかないことを説明した。搬入量は若干増加しても単価が下落して、これ以上、経営を継続することは困難であった。

そして、激動の一一月二四日を迎えた。この日の午前中に理事会を開催し、検討委員会からの解散やむを得ないとの報告を行い、理事会もこれを承認した。解散については、ＫＣＣの継続期間を翌年の三月三一日までとし、それに向けては破産手続きを進めることとした。

三公共はこれを受けて、午後三時から県庁で、松沢知事が三公共を代表して事業団の解散について記者発表を行った。これから、しばらく、マスコミや議会の対応で追われることになった。特に県議会においては、一二月議会の常任委員会で厳しく、今までの詳しい経過説明や今後の方針を求められ、また、行政の経営責任を厳しく求められた。

売却が決まると、実務的な作業が始まったが、初めてのことであり、なかなか一筋縄ではいかなかった。まず、企業譲渡（Ｍ＆Ａ）に向けて公募を行い、一二月中に公募の要件を決定し、募集を図った。公募にあたって、川崎市は市の土地の賃借料の１・８倍もの値上げという募集の促進とは逆行することをしてきた。県と横浜市は応募そのものを難しくするので、反対したが、地元議会の要望が強いということで川崎市は曲げなかった。自分としては、公募の矢面にも、交渉にも全く手を貸さない川崎市が何を勝手なことを言っているという気持ちが強かった。

何とか、募集の要領が固まり、一二月には公募を行った。結局、四社からの応募があり、翌平成二二年一月二〇日事業団において、入札が行われた。私もそこに立ち会ったが、四社が参加し応札が行われ、立会人の下で開封された。正に運命の瞬間であった。その結果、最高14億６９００万円で落札された。次順位が12億２０００万円で、あとは7億５０００万円と

3億円であった。思ったよりもはるかに高額で落札された。水面下の交渉は決して無駄ではなかった。

落札したのは、福島県に本社のある「クレハ環境」であった。大手の会社であり、社長も信頼できそうな人で、従業員の雇用継続などの譲渡の条件をしっかり約束してくれたので、安心した。

しかし、契約締結まで気を許すことはできなかった。次に契約書の締結という難題がからんでいた。M&Aには、契約における瑕疵担保責任という問題があった。たとえば、工場の機械に明示されている事項以外の瑕疵がないか等の検証が行われることである。先方は、親会社の法律担当が出てきて、さまざまな難題を吹っかけてきた。こちらは、橋本先生から紹介を受けた成和明哲法律事務所の西村、樋口、赤根弁護士が非常に迅速に的確に対応してくれた。契約書の締結は年度末のぎりぎりまで交渉が行われ、細部を詰めたうえで無事に締結することができ、三月三一日に譲渡代金の全額が支払われた。

なお、これに合わせて、破産手続きも進められたが、行政では全く未知の分野の業務であった。幸い、経験豊富な法律事務所のアドバイスを受けながら、ＫＣＣの債権・債務について整理し、円滑に破産手続きを行うことが出来た。

エ．銀行との攻防

かながわクリーンセンターは建設に１３２億円を要し、そのうち政策投資銀行から77億円の融資を受けており、それには三公共が損失補償を行っていた。

経営の状況が悪くなり、経営改善の平成二〇年当時には、銀行に改善のためのアドバイスを求めたりしており、友好的な関係にあった。しかし、平成二一年度に経営が苦しくなり、県から銀行に対し返済の猶予を求めるようになると、銀行側の態度が激変した。よく、銀行は「晴れれば傘を貸すが、雨になるとひっぱがす」といわれるが、その通りだと思った。県側から再三、東京の本社に行き、協力を求めたが、冷たくにべもなく断られた。

いよいよ、事業団の解散が決まると、損失補償で未済分は三公共から支払われることになったが、銀行側は、約款に基づき、さらに解散後も一〇月までの利息14・５％の補償金約２億円を積むことを要求した。こちらとしては、これ以上、増額することは、税金を支払う県民、市民の負担を増すことになり拒絶した。その対応策として、年度末に解散し、そこからすぐに支払い、利息を生じさせないことや、相手が受理しない場合には裁判所に供託することなどを橋本弁護士と相談した。年度末にかけて、何度も、銀行側の課長と自分との話し合いを行った。解散の痛みを分かち合うわけでもなく、自社の利益に固執する姿を見て相手が高利貸しのように思えた。従前、銀行が広域的な産業廃棄物の適正処理という公共的役割に少しでも役立ちたいなどと言っていたのは言葉だけなのがよく分かった。先方も自社のルールに刃向かう小役人と思ったであろうが。こちらも、不合理な負担を負うわけにはいかず、時には机をたたいて強く妥結を求めた。負けてなるものかと思った。幸い、こちらは前に身内の借金問題を対処したこともあり、こうした金融機関との交渉には慣れていた。

県のスタッフの中でも、銀行の理不尽さと強欲さ、さらには銀行内部の論理を周囲に押し付けてくる官僚制は、よく話の種となった。しかし、横浜市、川崎市は今後の銀行との付き合いも考慮して、最初から腰が引けていた。

結局、供託も辞さずという強い姿勢が功を奏し、年度内にできるだけ、迅速に手続きを行い、その間、五日分の利息６８０万円で決着した。このころ、同じ環境農政部において、かながわ森林づくり公社の解散について交渉が別の日本政策金融公庫とされていたが、県は元金以外に経過利息５０００万円と遅延損害金1億９０００万円を銀行側に支払うこととなった。これと比べても著しい経費の削減となった。

結果、元金の残りを含め、銀行への支払い元利合計34億７８００万円について、三公共で分割された。県は総務省の第三セクター債を活用したが、これは全国でも初めての活用例となった。

◆コラム11　職員は宝物？

私が県に採用された時の給与は確か月給8万9500円であった。貧しい学生には、ありがたい金額であった。しかし、その後の収入は、民間企業へいった大学の同期とは雲泥の差があり、たまに会っても給与やボーナスの話はできるだけ避けていた。独身時代は、給与で背広の月賦や飲み代を払うとほとんど残額はなく、いつも給料日前は、かすかすの生活であった。

それでも、神奈川県は当時、独身寮や世帯寮などが充実しており、自分も独身時代は富岡の独身寮、所帯を持ってからは二俣川にある2DKの世帯寮の世話になった。いずれも老朽化しており設備も質素なものであったが、何よりも賃借料が民間アパートに比べ、格段に安くありがたかった。また、神奈川県は福利厚生施設も充実しており、夏休みや冬休みは、比較的、低額で家族と箱根や湯河原の保養所で過ごすことができた。さらに、県庁の近くに自治会館があり、仕事が終わるとスポーツで汗をかくことができた。よく、ランニングの仲間と山下公園や根岸競馬場までランニングし、一汗かいてから中華街などでうまいビールを飲んだものであった。

現在、こうした福利厚生施設は、全て廃止されてしまった。それだけでなく、神奈川県では毎年のように、財政危機という理由で職員の給与、ボーナスのカットが行われている。それには、全国的な給与減額もあるが、それに加えて県独自の給与カットが行われた。あんまり、長く続くのでどこまでが本当の給与の額だかわからなくなってしまったほどである。こうした減額は、県の財政危機の緊急措置として必要なものもあったであろうが、恒常化すると何の減額だかわからなくなってしまう。

こうした労働の対価の減額に加えて、最近は省エネ、あるいは電力不足などの理由で照明を暗くしたり、冷暖房を止めている。昼などは電気を消すのが習慣であるが、雨天の時など室内は真っ暗で、昼食で何を食べているのかわからない状況である。外部の記者からは、真っ暗の中で職員が何か食べているのは見ていて気持ち悪いなどと言われる始末である。また、暖房も節約のあまり、室内はぎりぎりの温度であり、本庁舎1階の会計局の事務室などは、外気がそのまま入って来るので、朝晩は非常に寒い。職員は外套などを羽織って仕事に従事しているが、冬には風邪が蔓延する。これでは、神奈川県職員の採用要件に寒さに強いという項目を加えなくてはならない。

公務員であるので、給与は民間とのバランスを見て支給するのは当然であるし、職員の福利厚生も華美に流れることは税金の無駄遣いであり、論外である。しかし、職員も人間であり、一定の給与の保障、リフレッシュのための福利厚生は必要である。

ましてや、勤務ができる環境を確保することは、効率的な勤務を行うために不可欠であると思う。職員を大切にしてこそ、その組織は継承され発展していくのであると思う。

今後とも神奈川県職員が職場に誇りを持ち、県民にとって素晴らしい成果を生み出していくためにも、職員が安心してかつ効率的に働ける労働環境はしっかり守ることは大切だと思う。そして、有為な人材が広く集まりその能力を十分に発揮できる組織であり続けてほしいと願っている。

オ．オンブズマンの訴訟

行政が事業団に対し、多額の公共負担金を支払っていること、三公共が損失補償を行っていることが違法であるとして、「神奈川市民オンブズマン」等が三公共を相手にその取り消し等を求める訴訟を平成一九年一一月に横浜地裁に行っていた。

当時、第三セクターに対する行政の補助について、違法な公金の支出として全国的に同様な行政訴訟が行われていた。また、行政が行った損失補償が財政援助制限法で禁止している保証契約になるのではないかという問題も争われた。この法律は戦後まもなく、いわゆる国策会社の活動を停止させ、その復活を防止するために制定されたものである。同様な損失補償は多くの第三セクターで行われており、これは他の自治体にも大きな影響を与える問題であった。ちょうど、そのころ、川崎市における「かわさき港コンテナターミナル（株）」への損失補償については、平成一八年一一月に横浜地裁で市側が敗訴していた。

こうしたことを受け、県では第三セクターをめぐる訴訟の第一人者である橋本勇弁護士（東京平河法律事務所）に依頼を行った。川崎市も橋本弁護士を法定代理人とした。オンブズマンの訴訟は、結局、廃棄物の適正処理が行政としての重要な施策であることとＫＣＣの譲渡がうまくいったこともあり、平成二三年一〇月五日一審で原告の請求は棄却され、行政側の勝訴となった。その後、東京高裁でも行政側が勝訴して終了した。

余談であるが、その後、平成二四年に、県が法定外普通税の訴訟で、いすゞ自動車に敗訴して６００億円を超える税金や利息を支払うことになった。その際、敗訴したにもかかわらず、弁護士費用に2億円も支払ったことが県議会で取り上げられたが、比較としてＫＣＣの訴訟が勝訴したうえで、数百万円しかかからなかったことが挙げられた。訴訟では、どんな弁護士にお願いするかが重要なことである。

橋本弁護士からは、訴訟だけでなく、ＫＣＣの解散に向けての行政の対応について、再三、アドバイスをいただいた。企業を整理するについての、解散の方法、破産の手続き、一連の対応のスケジュール、さらには議会との対応も含めて、重要なことは、再三、東京の永田町にある弁護士事務所まで行って、助言をいただいた。橋本弁護士は、自治省出身で行政実務もあり、下関のフェリーの第三セクター最高裁の事例なども経験され、理論、事務面で知識、経験が深く、回答は明快で非常に頼りになった。また、三公共間でも見解が異なることについて、どのような処理が円滑に進むのか、ご相談にも伺った。県のなかでも、こうした経験はなく頼りになる上司もなく、また、三公共がバラバラな状況の中で、その助言は大きな助けになった。

特に思い出すのは、平成二〇年末の仕事納めの日に、川崎市が、ＫＣＣの経営改善の動きは違法であるというのが法的な見解であるとの文書を、県の幹部に送った時のことである。こちらは、そんな文書がどのような根拠で作成されたことかは知らなかったが、幹部は川崎市の言い分を鵜呑みにして、方針の再考（経営の改善から即時の解散）を迫った。内容も深く考えずに、こちらの意見よりも、川崎市の意見を信じた。このため、双方の顧問弁護士である橋本弁護士に川崎市の見解が法的に間違っていることを裏付けする必要が生じた。暗澹たる気持ちで、部下と二人で、暮れも押し迫り、仕事の納め式をやっている中、相談に伺ったが、いやな顔もせず、明快に丁寧に説明をしていただいた。川崎市の判断は、違うことが確認され、お蔭で不安は解消され、平穏な正月を過ごすことができた。

ＫＣＣの解散が法律的にも、事務的にも、非常に円滑に進行したのは、何よりも橋本弁護士の支えがあったからだと思っている。

カ．横浜市・川崎市との関係

ＫＣＣは、県内の廃棄物の適正処理を目的に県が提唱したが、県と2市が三分の一ずつ、経費を負担することになっていた。このため、県が中心になってまとめたが、2市の意見はそれぞれ尊重していかねばならなかった。事業団にもそれぞれのＯＢ職員が理事長をはじめ、幹部を務めていた。

経営がうまくいっている当時は、形式的に情報交換を行い、特に対立することはなかったが、経営が悪化して、対策を取るようになると、それぞれの団体に利害の対立や見解の違いが明確になってきた。

平成二〇年の経営改善の時期には、県と2市が対立することが多かった。それは、ＫＣＣの経営について県がそのままにしてきたという感情が2市にあったのだと思う。経営が悪化する直前の事業団の理事長は県であり、また、その当時の県の担当参事も経営の悪化について特に対応することもなかった。私が参事になり、経営改善策を図らざるを得なくなった時に、2市が主張したのは、最終処分を行っていた県の処分場の利用料金の減免であった。県にとって、同じく経営改善を求められている処分場であり、議会や県内部でもコンセンサスの取れないことであった。そのため、県が中心になり、搬入量の増加をめざし、2市には料金の安い市の処分場の利用を増やすことを要請した。
また、KCCの経営改善をいつまでやるかについては、県と横浜市は、年度中は経営改善を実施し、平成二一年度は外部委員会の意見を聞きながら営業の状況を見ていくことで意見がまとまっていたが、川崎市は二〇年度中に事業団の解散を要望していた。県と横浜市としては、経営改善も十分に行わず、事業団の解散を決定することは、責任を放棄することになりかねないという見解であった。川崎市は、市が敗訴した訴訟事案もあり、非常に慎重になっていた。平成二一年一月に当時の局部長が集まり、会合を持ったが、横浜市の局長は方針を明確に主張し、解散するならば理論で決着しようと川崎市に迫った。その後、幹部の調整を経て、トップまで調整を図った結果、経営は継続し、外部委員会を設置して経営状況を検証していくことになった
平成二一年度になり、経営がいよいよ悪化し解散が決まってくると、売却については、県が主導で行い、売却の条件について2市と調整を図った。売却する条件を少しでも良くして、売却先が見つかるようにするというのが県の立場であり、譲渡後の就業期間、取扱いのできる品目の拡大、など売却条件を少しでも拡大するように調整した。これに対し、川崎市は地元の要請ということで、難色を示してきた。川崎市は、環境サイドだけでは決められない事情を持っており、政策局担当や上層部の意向を気にしていた。このため、会議も環境サイドだけでなく、

行革サイドも含めて三団体の六者で打ち合わせをするようにした。これは、煩雑にはなったが行革サイドの方が物わかりが良く、やりやすくもあった。

売却時に条件を整えて、入札を行う時期になって、川崎市は賃貸料を大幅にあげてきた。もともと経営がなりたたない施設について、せっかく、販路を開拓してきたのに、相反する行為であった。県と横浜市は反対したが、川崎市は市議会の考えということで強行した。

また、事務局の方針に突然、異論を唱えてくることも川崎市であった。事務局にとっては、自分で責任もとらずに勝手なことをしてくる厄介な存在であった。一度、外部委員の委員会の中で、出席のメンバーになっていない市の幹部が出席し、委員が説明している中で、ガムをかみながら傍聴していた。終了後、委員長がさすがにマナー違反に不快感を示し、事務局として市に注意した。こうした傍若無人な態度が通るほど、市の中でその幹部は権力をもっており、文句を言う人がないのかなと思った。

県と政令市との関係は難しい面もあるが、廃棄物対策課長時代は良好に行われていた。しかし、参事になってその相違点ばかりが見えてきた。それぞれの職員は団体の背景を負っているのであろうが、もう少し、共通の難事業に共通認識が取れなかったか、残念であった。ＫＣＣの解散によって、行政側は売却も14億円以上の価格となり、また、銀行に払う利息も非常に低額で済んだ。こうした交渉は県が行ったものであるが、その受益はそれぞれ均等に三分の一ずつというのも、正直何か腑に落ちない気持ちがした。

キ．全体の感想

ＫＣＣの経営改善と事業譲渡の二年間は、困難の連続であった。おかげで、今まで入院などしたことがないのに、病院に入院するなどという経験をした。ＫＣＣの搬入先を求めて、また、その後、売却先を求めて一〇〇近い会社を回った。また、些細なことにも、三公共で合意が前提であり、事務局としてのその資料の作成や調整に翻弄された。さらには、財政当局との調整、議会での追及や銀行との攻防など、気の休まることはなかった。前方の敵ばかりでなく、時には背後から矢が飛んでくるような実感があった。友人には、毎日、毎日、試練の連続だとこぼしもしたが、考えようによっては、他では経験できない良い勉強、貴重な経験をさせてもらっていると気持ちを前向きに切り替えた。

この事業をやってみて、幸運なことはいくらもあった。ひとつは部下に恵まれていたこと。部下は最大で三人であった。専門職で廃棄物事業の経験も豊富な山崎課長代理、経理に秀でて人柄が非常に温厚な田代副主幹、データ整理や資料作成が迅速で正確な中田主事というメンバーで苦楽を共にし、市のやり方への不満や、県の上層部の無理解などを語り合えることは、精神衛生上にも良かった。

また、外部の有識者はいずれも専門性が高く、正確で頼りになった、顧問の橋本弁護士はもとより、有識者会議の座長の柴田教授には、経営の方針の説明に何度も学校に伺い、その後の進行方法について助言をいただいた。両氏とも、現在でもお付き合いさせていただいている。

また、橋本弁護士に紹介してもらった、成和明哲法律事務所の西村、樋口、赤根弁護士も契約について、迅速かつ的確に対応していただき、そのプロとしての仕事ぶりに感服したものである。他にも、検討会議の委員からも真摯なアドバイスをいただいた。有識者会議の進行も問題が深刻な割に円滑に進めることができたのも、委員のみなさんの深い理解によるものであった。

さらに、県産業廃棄物協会の幹部の方々からは、経営改善や譲渡について、多くの協力をいただいた。特に西宮理事長からは、県内の事業者の状況について、多くの知見をいただくとともに、事業の方針についてご相談にのっていただいた。

こうして、行政の外部の方々からの支援も受けて、何とか、譲渡の事業を無事に全うすることができた。〔参照　巻末の著作論文1〕

◆コラム12　マスコミ対応のツボ

公務員になり、新聞に取り上げられるような大きな事案に遭遇したことのない職員はいないのではないか。私も、公務員生活の中で、教員の不祥事であるとか、廃棄物処理施設のダイオキシン問題とか、第三セクターの解散とか新聞のトップをかざるような案件に何度も遭遇した。

廃棄物対策課長の時、平成一九年五月、茅ヶ崎市内の最終処分場でダイオキシンが基準値以上測定されて、緊急の記者発表を行った。当然、準備もなかったが、ともかく、現状を迅速にありのままを発表しようとした。当初、地元だけで発表する予定であった。しかし、ダイオキシンは県民全体に影響を及ぼす大きな問題であった。ダイオキシン問題は、社会の不安の大きな要素であり、地元の人々に与える影響は大きく、下手に対応すると大きな社会問題になりかねなかった。そこで、地元の行政センターの環境部長を県庁に呼び、本庁

と出先の合同で、記者発表することにした。

事実関係をわかっていること、今後解明することに分けて、わかりやすく伝えることに努めた。記者はまずは、事実関係、そして行政に瑕疵がないかを聞いてきた。自分は、事実関係をわかりやすく説明するとともに、率直に不明な点はわからないと明確に答えた。記者の質問に対しては、行政に不利なことも率直に答えた。翌日の新聞は、内容を簡潔に示し、社会に不安を増長するようなものでなく、安心した。

記者は、社会問題に対する感覚が研ぎ澄まされており、また、不正に対する嗅覚が優れており、行政が後ろ向きであったり、また、具合の悪いことを隠したり、小手先でごまかそうとすると敏感である。むしろ、わからないことはわからないと率直に述べ、わかっていることはわかりやすく、事実を積極的に正確に伝えて行く姿勢を見せれば、わかってくれるものである。自分は、むしろ、事件等を県民にわかりやすく説明してくれる担い手である記者を積極的に活用した。全部手の内を示してしまいながら、相手が理解しやすいように説明した。場合によっては、未成熟な事実であり、まだ、外部に出てはどうかということについても、理解を求めながら相手に伝えた。記者はこうした姿勢には好意的である。おかげで、記者発表を何度も開いたが、発表を巡って紛糾することはなかった。

6　憂愁の美

（1）未知なるハード行政（平成二三年四月〜平成二四年三月）

平成二三年四月の異動先は、県土整備局の企画調整部長であった。廃棄物行政五年の後、新たな未分野にいくことになった。この年、部が局に呼称が変更され、このポストは県土整備局のナンバー2であった。今まで、土木行政の経験もなく、意外な感じがした。一応、参事級（8級）から副局長級（9級）への昇格であったが、五年間廃棄物行政で泥まみれになっているうちに、後輩たちが次々と短い期間で異動し昇格していくのを見て、自分には今更という気持ちが正直あった。

新たな職では、土木職の局長の補佐として、局全体の調整と入札関係の仕事を行うことになった。初めてのハード部門の仕事であり、また、財務という分野も初めてであった。県土整備局は、技術職特に土木職の牙城であり、自分には未知の仕事が多く、電子決済などすぐに責任に直結し、やっかいな仕事も多かったが、チャレンジ精神と負けず嫌いが先行した。

局内は、全体で一三〇〇人の大所帯で、土木職と事務職が半分ずつで、あとは建築職や設備職で構成されているが、主要なポストは土木職で占めている。土木職は県庁全体でも七〇〇人程度であり、同じ釜の飯を食べて結束が固い。中には自分たちのエリアを守ろうとする狭い考えの職員もいて、事務職のトップとして、十分な情報が入らず閉口することもあった。しかし、多くはフランクな職員で、人事課で担当していた当時知っていた若手職員が課長になっていたりして親しみを感じていた。局の職員とは仕事とともに、一緒に飲んだりスポーツを通じて楽しんだ。

一年目は、新しく局長となった池守局長を補佐する役割であった。池守局長はさっぱりした性格であり、仕事は仕事と集中し決断も早かった。趣味もテニスや囲碁など多彩で、話題も豊富であり、久しぶりに気の合う幹部と仕事を一緒にできた。当初は本県で大きな問題となった不適正経理の対応が課題であった。特に県土整備局は多くの件数と金額が発生していたので、局を挙げて再発防止に取り組んだ。これに伴い関連団体の経理問題や団体指導にも追われた。さらには、残土処分を巡って業者をしっかり指導する必要が生じた。

この年の六月、多忙がたたったか、急に右目に黒い幕がおり、視界が狭くなった。議会などもあり、しばらくしてから近くの眼科で診察を受けたら、網膜剥離であり、そのままにしておくと失明すると言われた。とはいっても管理職の悲しさで議会等がありすぐに休めず、七月下旬になり川崎市内の聖マリアンナ病院に入院した。右目の手術はかなり手遅れの状態であったが、主治医である上野先生はベテランの名医であり、何とか、網膜をくっつけることができた。また、夏休みを一〇日ほど棒に振ったが、入院生活は仕事から解放され、大いに気分転換になった。しかし、視力は大幅に低下し、好きなオートバイが乗れず、また、仕事で行う電子入力も不安であった。電子入力は、何億円もの工事の予定価格を自分で入力するものであったが、担当の女性の経理職員が看護師のように丁寧にサポートしてくれ、間違えずに入力することができた。

この年度末、平成二三年三月一一日に東日本大震災が発生した。ちょうど、局長室で局長と打ち合わせをしようとした矢先に起こり、県庁新庁舎の11階の部屋は大きく揺れ、ビルが倒れテーブルや椅子が外に飛び出すのではないかと思った。すぐに机の下にもぐり、局長を中に引き入れた。県庁内は、棚や調度品が倒れたりしたが、幸運にもけが人はでなかった。

それからの県内の復興とともに、福島県などの被災地への応援は急を要した。さすがに、災害対策に慣れている県土整備局であり、被災者の県営住宅等の受け入れや、技術職員の被災地への派遣などの対応は迅速であった。

新年度になり、局長は定年退職し、しばらく局長不在で自分が局内全体の調整を図ったが、災害の対策等は、古尾谷副知事が自ら陣頭指揮するようになった。その後、六月に人事異動で、新たに土木職の高村局長が昇格した。高村局長もしっかりと体制を整え、災害対策に明け暮れる仕事もだんだんと落ち着いてきた。

①残土処理問題

平成二二年四月に、残土の処分を巡って藤野町で業者が勝手なことをやっており、それに対して、県土整備局を上げて立ち向かった。今思えば、池守局長と自分が組まなければ、そのままになり、あとでさらに大きな問題となっていたと思う。業者の指導は毅然とかつ迅速に行う必要があり、それに躊躇することなく対処できたことは、正解であった。

平成二二年度当初、相模原市旧藤野町の山間にある残土処分場で土砂流失の恐れがあるとの報告が土木事務所からあった。すぐに、現場を見に行くと、斜面全体がぬかるんでおり、膝まで泥で埋まる状態で、すぐ下の河川に泥がくずれる状況であった。事務所に経過を聞くと、平成一三年に土砂埋立の許可処分をしてから、継続して業者指導している箇所であった。業者は特定の工法で工事しており、崩壊の危険性はないと主張しているとのことであった。今まで土木事務所においても、業者の言い分に沿って指導を行っていた。現場の体制は、今までのこともあってか弱腰で十分な体制とはいえなかった。また、そのまま放置すると崩落の危険性が高く、さらに残土を持ち込まれてさらに大量の残土の山となることが危惧された。当時の古尾谷副知事にも状況を報告し、副知事からは業者に対し徹底した対応を図るように指示があった。

そこで、池守局長と相談して、強力にかつ迅速に対応できるメンバーを全庁的に集めることとし、各土木事務所から対応に慣れている土木職と法令に詳しい事務職を集めて特別対策班を結成した。年度途中で職員を裂かれる事務所長には、局長からよく必要性を説明してもらった。こうして、問題発覚してから、ひと月足らずで特別対策班が結成された。

崩落を防止するために、これ以上残土を入れないように監視するとともに、六月に防災工事命令を発した。この命令が履行されず土砂流失の危険性が増大したため、翌年の平成二二年九月には新たな防災命令を発した。この対応に対して、業者は従前から認められていた残土処理工法とは異なる命令である等として、不服申し立てを行うとともに県を相手取り次々と、行政訴訟を提起した。この業者は一〇年前から、そこで営業しており、工事の指示が不適格であるとして、職員を脅迫するような業者であった。こちらは、大きな動きがあるごとに事務所に報告を求め、本庁と事務所が一体となって対応を図った。これによって、さらなる不法な残土の搬入は回避され、保全措置が図られ残土が崩壊する危険もなくなった。なお、業者から提起された複数の行政訴訟は控訴審で平成二五年一二月に県側の勝訴で確定した。

残土の適正な処理をより強かに組織的に行うために、翌平成二三年度には、今までの技術管理課から残土担当のセクションを分離し、新しく建設リサイクル課を設置した。

また、県全体の残土の適正処理を推進するために、平成二三年度には土砂条例の改正作業を行った。これは、土地の所有者にも残土処分が適正に行われるように規制をかけていくものであった。土地の所有者への規制は、法令と条例との関係で疑義があり、法令主管課と幾度となく交渉を行った。こちらは、一定の合理的な目的があれば法令とは抵触しないと判断したが、法令主管課は抵触を恐れた。結局、専門の中央大学の出口教授などにアドバイスもいただき、条文を調整し改正に至った。当時の建設リサイクル課の職員は法令にさほど詳しくなく、自分が陣頭に立って指揮をした。こうしてできた改正条例は、業者に対するだけでなく土地の所有者に現状変更の場合の義務を課したものであった。また、これと併せて、現場である土木事務所の許認可指導課の強化を図った。

更に、県内で残土処分地の状況を調査し、土砂の崩壊等の問題のある箇所については、出先と本庁が一体となって指導を行った。こうして、在任中、残土処分について、法整備と執行体制を整えることができた。

平成二六年一〇月の台風18号で、横浜市緑区においてアパートががけ崩れによって埋められ、男性が死亡する事故が発生した。この事故は問題が多い事案について行政が後回しにしてきた結果だと思う。確かに悪質な業者はなかなか指導に応ぜず、対応に労力はかかる。しかし、行政が組織的にかつ継続的にしっかり取り込まなければ、いずれ、住民に大きなつけがまわってくることにもなる。

②不適正経理問題

当時、神奈川県では、税務課の私的流用に端を発し、不適正経理の問題が全庁的な問題となっていた。平成二二年四月には、全庁で過去最多の一七一七人もの職員が処分を受けていた。県土整備局には、悪質な事案はなかったが、年度を越えての支出や目的外の執行などの件数が多かった。これは、経理に携わる職員の規定に対する遵守意識が薄いことや、技術職が事務職に経理を押し付けて、自分の問題として考えないという要素もあった。このため、池守局長を中心に自分も加わり、四月から五月にかけ全所属に直接出向き、職員に法令の順守義務の徹底を行った。

不適正経理の問題と並行して、土木事務所が所管する幾つかの団体の指導も行った。主に県のOBが幹部となっている団体で、団体経営について問題となっていることが判明したものについて、個別に指導を行った。内部でのチェックが十分に働かないと、独善的に経営を行うような幹部もいて、経営や人事で問題を起こした。自分は県土整備局の所管する団体について、そのたびに状況を聞いて改善するため対応を図っていった。これは時によると、団体のOB幹部から大きな反発を招いたりもしたが、問題によっては副知事に相談をしながら、池守局長とともに厳格に対処していった。

入札に関しては、自分は2億円以上の工事の電子入札の予定価格を決定していたが、電子入札は一度数値を入れると訂正がきかず、入札全体の効力にかかわった。特に目の手術をしてから、数十億円にも及ぶ予定価格の入力はあまり、気持ちの良いものではなかった。これには経理課の担当職員が良くサポートをしてくれて心強かった。

また、入札では違算の問題がたびたび起こった。工事の設計金額の積算の段階で間違いが生じ、入札が無効となるような事案が続出した。計算は土木事務所の技術職が積算表に基づいて行うが、その積算が非常に細かく、また、その単価も非常に数が多かった。業者は専門の職員が算定して、その積算に基づき最低制限価格ぎりぎりに札を入れてきた。県の入札にあたっては、業者からの質問が寄せられそこで、行政側の積算根拠の間違いが指摘されることもあった。これらを防止するために、土木事務所と本庁でそれぞれ責任をもって確認を徹底するシステムの改善を図った。〔参照　巻末の著作論文2〕

③東日本大震災への対応

災害が発生すると、まず、その復旧・復興に活躍を期待されるのが土木・建築事業である。

東日本大震災が起こると、県土整備局はあわただしさに包まれた。まず、神奈川県下の道路や河川、港湾の状況や鉄道の運行の状況の把握に努めた。道路河川などは被害が生じたものの、思ったよりも復旧が早かったが、鉄道は御殿場線などが長期の不通となった。また、しばらくすると都市部での液状化という新たな被害が生じていることが判明した。こうした県土の保全とともに、早急に行う必要が生じたのが、被災地への支援であった。

まずは、被災地からの住民の受け入れが急務となった。これには、建築住宅部を中心として、県営住宅や県住宅供給公社の住宅、さらには民間アパートの借入などによって対応が図られた。当初、初期の対応で、建築住宅部は市との調整などに時間がかかったが、池守局長の檄により、局全体で総力を挙げ迅速な対応を目指した。建築職は一つ一つ積み上げ丁寧に行おうとするが、土木職は現実に照らし、全体を見てまずは進むことを優先する。こうした手法は非常時には適していると思った。

ともかく、被災者の受け入れは急を要する案件であり、公的な住宅の空きを確認し、住民への募集を至急実施した。これに合わせて関係機関と調整して、寝具などの必要な日用品の確保と準備を図った。ともかく、局全体でやりながら考えるという方針で、スピードを上げて対応を図った。

次に、被災地への技術職の派遣が求められた。特に土木職は現場から要請が高く、これは国や全国知事会などで調整する中で、本県は福島県のいわき市に多数の土木職を派遣することになった。また、宮城県の石巻市には住民の避難場所に事務職員の派遣がなされた。土木職の派遣は、本県の土木職も県内で人手不足であったが、何はともあれ被災地を優先して派遣するこ
とになった。こうして、多くの土木職や建築職、さらには事務職が福島県や宮城県に派遣された。

ひと段落した一〇月に、自分も職員の応援を兼ね、福島県庁を訪問したが、福島県の原土木部長をはじめ、幹部の方は本県の応援を非常に感謝してくれた。私は、「同じ公務員であり、災害時はお互い様である」と言ったが、部長さんたちは、「神奈川県で災害があったら、福島県は真っ先に協力したい」と言ってくれた。出来ればそうした事態は避けたいが、有難い言葉であった。

宮城県の石巻の小学校の避難所にも本県の職員が派遣されており、励ましに行ったが、現地はまだ、車がビルに引っかかっていたり惨状の痕跡が生々しかった。市や県の機能がマヒしており、全国から多くの自治体職員が派遣されていた。派遣職員は住民の多様な生活のケアを淡々と行っており、被災者の方々に頼りにされていたのが印象的であった。

その後、自分は仕事を離れたが、今でも年に一度は、いわき市と石巻市など被災地を訪ね復興の状況を見守っている。

④小田原土木事務所の再編問題

平成二三年度の秋に、急に小田原土木事務所の再編問題が生じた。今までの小田原土木事務所を隣接する松田土木事務所に合併して、その支所としようとするものであった。松田土木事務所は、県西土木事務所と名を改め、場所を開成町にある足柄上の合同庁舎に移設する予定であった。これは、行政センターの合併と一体となって進められ、足柄上地域県政総合センターは反対に小田原の県西地域県政総合センターに合併されることとなった。県の方針として決められたものであり、県土整備局として小田原土木事務所の地元対策を行う必要が生じた。地元調整を局長にやらせるわけにもいかず、また、自分の下の総務室長が技術職でこうした調整は苦手であり、自分が前面に出て調整を行った。

一〇月頃、小田原土木事務所に出向き、地元の業者二〇名の前で説明する場に出たところ、敵視するような視線の中で、強い反対にあった。いくら状況を説明しても、伝統ある小田原土木事務所が松田土木事務所の傘下に入ることは感情的にも納得できず、また、仕事が減少することを危惧していた。その後、再三、現地に赴き、実際に、仕事や役割は変わらないことを、何度も説明をした。地元の向笠議員や守屋議員にも協力してもらい、事務所の権限や事業量は変わらないことを示し、年が明けて最後は何とか納得してもらった。

◆コラム13　私の健康法

私は、風邪を引くことはまずないが、引いても薬を飲むことはしない。体が自然に治してくれるものと思い、ネギやショウガを食しひたすら眠る。大家族で好き嫌いも言えず育ったせいか、体はいたって丈夫であった。しかし、最近は齢も重なり、パーツパーツはかなり故障が目立つようになってきた。五五歳を過ぎると、人並みに入院生活も味わうようになった。特に体がいかれるのは、大変な仕事の重なった時で、精神状態とも結びついている。

仕事や家庭のトラブル等でストレスを感じた時には、できるだけ人に話すようにしている。聞いてもらえる人は職場の同僚であれ、同期の友人であれ、職場以外の友人でもよい。何よりもストレスをためておくのは良くない。こうした時に聞いてもらえる友人は確保しておく必要がある。女性が男性よりも平均寿命が長いのは、おしゃべりが好きなせいだと思っている。男性もじっと耐えることも必要であるが、どうにもならないことはしゃべってしまうに限る。その時はやる気や生きる気もなくしてしまうと思えるような重大なことだと思っても、人に話してしまうと半分くらいに圧力は減り、ひと月もするとそのこと自体が何でもないことと思えてくる。自分も、困った上司にはずいぶん巡り会えたが、どうしようない時には、友人を引っ張り出して一杯飲んだものである。友人には迷惑であったろうが、何よりの特効薬である。

　また、もう一つは、汗をかくことである。午前中に上司とぶつかって八方ふさがりの時、昼休みに山下公園を全力で三周も走ると、呼吸や身体もきつく、普通に歩き呼吸していることが何と幸福なことかと思える。これは、秘書課や廃棄物勤務時代には、よく活用したものである。誰でも使えるわけではないと思うが、何か、別のことにトライしてみるとよいと思う。たとえば、ランニングでも水泳でも体操でも、自分にあった運動をがむしゃらにやること。目標も達成でき、一石二鳥かもしれない。

　あとは、ご褒美である。自分は何か達成した時でなく、失敗した時に、今さらしようがないと思うときに、忘れるために、普段食べないうまいものや、楽しいことをやった。たとえば、議会の答弁で思うような答弁ができず失敗したときには、後でくよくよしてもしようがない。これを忘れるために、好きな鰻やピザなどを食したり、見たかった映画を見たりしてから帰宅した。単純なもので、食べ物や映画のインパクトが

強く、嫌なことを忘れさせてくれる。

(2) 締めは会計(平成二四年四月〜平成二六年三月)

平成二四年三月に、自分の最後の人事の内示が行われた。知事に第一応接室に呼ばれ、会計管理者兼会計局長の内示を受けた。これは副局長クラスから局長クラスへの昇格であったが、正直、落胆した。会計局長は今まで、財政経験者などが配置され、自分は門外漢であり、最後は今までの経歴を生かした事業関係の仕事をやりたかった。特に当時、県立の最終処分場で福島原発事故の廃棄物受け入れが問題となっており、自分としては五年間の廃棄物での経験が生き、福島県の方々に少しでも貢献できるのではないかと思っていた。また、会計局は法律や財務規則に則った定型的な役割であり、行動的な自分には合わないと思っていた。

知事部局で一〇人もいない局長職であるが、他の事業部門の局長の派手さはない。後日、知事と幹部職員の食事会があり、その席上、順次、紹介がされた。それぞれ、自分よりも若手の局長が自慢げに抱負を語るなかで、最後に自分は「会計管理者は、ゴールキーパーのような仕事だが、自分はキーパーでもフリーキックを打つパラグアイのチラベルトのような会計管理者となる」と述べた。

前任者からは、一週間過ぎた頃に引き継ぎを受けたが、引き継ぎ書はＡ４の半分程度のものであった。しかし、そんなに仕事が簡単な局ではなかった。

会計管理者は地方自治法に定められた職であり、県の現金の出納や決算の調整を行い、これに県の契約などを行う会計局長の業務を兼ねていた。仕事は、全庁の経理の事務が円滑にいくようにすること、決算の総括、庁内の物品や委託業務の取りまとめ、県の資金の運用などであった。特に不適正経理の問題処理が終わったばかりであり、しっかり経理の業務が行われるように庁内の指導・監督を行うことが大きな役割であった。こうした業務は、通常は問題がなく行われて当然であり、何か、問題が生じると対策を講じることになる。職員も日常業務の繰り返しに慣れていて、問題意識は感じていないようであった。こうした受身的な業務のやり方に若干の違和感を感じており、自分なりに新たな改革をしていこうと思った。

局長になると知事をはじめ、副知事、教育長、各局長等が出席する、県庁内の最高会議である「政策会議」に出席することになった。新庁舎５階の奥まった荘重なムード漂う第５会議室で月に一度開催された。知事からのお話の後、各局から出された全庁的な重要議題について議論して庁内のコンセンサスを得るものである。局長クラスはほとんどが自分よりも後輩が多かったが、知事や副知事等の幹部の前での議論であり、なかなか議題を提案するのも発言するのも憚られるものがあった。会計局は今まで、不正経理等の対応など限られた出番しかなかったが、自分はなるべく積極的に議題を提供するようにした。会計や経理の仕事は全庁的に重要なルールである割りに軽視されており、全体の認識を高めてもらう意味もあった。リバースオークションの実施、「会計の見える化」、公契約条例の検討、包括外部監査での指摘事項の対応などについて議題として、全庁的にスムースに実施・周知できるように努めた。たまに準備や調整に手間取り、雉も鳴かずば撃たれまいとの気持ちにもなったが、ともかく、前向きの姿勢をとることにした。

会計管理者になって存外良かったのは、その部屋が本庁舎の1階で日本大通りに面しており、季節ごとに銀杏の並木が変化していくのが楽しめたことである。県庁の局長室のなかでも最も落ち着き、気に入った部屋であった。　また、職員も自分の周りの会計課の職員は良く気が付き、良く動いてくれた。

会計局での二年間は、今までにない仕事を経験した。多くは知事からの宿題であったが、自分でも職員の活性化のために前向きに仕事を進められたと思う。

①リバースオークションと資金運用

平成二四年度早々に知事から、「仕事は圧倒的なスタートダッシュが重要」と幹部職員に檄が飛ばされたが、会計局では、今まで県土整備局で試行を行っていた「リバースオークション」

をすぐに実施することにした。リバースオークションは、物品などを購入する場合に、オークションの逆に値段のセリを行い、価格の低いものと契約することである。オークションはネット上で行われ、一定時間に何度でも価格を入れることができ、経費の削減効果が大きかった。民間企業では実施され、国でも一部実施されており、黒岩知事が実施を推奨していた。会計局では、1000万円以上の物品の入札に行うことにして、すぐに要領を作成し、記者発表をして、全庁に募集した。このように本格的に行うのは、本県が全国で初めてであった。

平成二四年度には試行として、コンピュータや空調機器など六件実施し、これにより、約4億4200万円、19・6％の経費の削減を図ることができた。この結果を受けて、平成二五年度は本格実施を行い、一一件実施し、約3億4200万円、25・3％の経費削減を図ることができた。〔参照　巻末の著作論文3〕

また、会計局では日額で平均2000億円にもなる、多額の県資金を運用していた。資金運用は元金確保のため、国債や地方債、定期預金で運用していたが、超低金利下での運用をいかに利率を上げるかについて検討を行った。

そこで、毎年の運用状況を分析して、できるだけお金を遊ばせないで、もっとも資金の減る六月までの間、一定額を大型の定期預金に預けるようにした。また、今まで、土日をまたぐ債券現先（短期の債権）を行っていなかったが、安全性を確認し新たに行うようにした。こうして、運用を工夫することにより、今までに比べ毎年２６００万円程度の利息が多く県に入ることになった。〔参照　巻末の著作論文４〕

②「会計の見える化」

平成二四年一一月に副知事を介して、知事より「会計の見える化」を会計局で取りまとめてほしいとの依頼があった。これは、「民間では貸借対照表や損益計算書で毎月の経営の状況が分かるのに、役所では公会計で資産の長期的な動向や、収支の状況がわからない」という緊急財政対策会議の外部有識者での調査会における、ゼンショウ小川賢太郎委員の意見を踏まえてのものであった。

すぐに局内で検討に入ったが、経営コンサルタントである根本顧問より各所属毎にできるだけ賃金の状況なども具体的に明示してほしいとの要請があった。一一月に庁内の体制づくりをして、関係する財政課、人事課、財産管理課などの所管課に集まってもらい、事務局の会計局の示す案について検討を図った。

行政の公会計は現金主義で、今まで各年度毎に現金について財務の処理を行っていたものであり、小遣い帳のようなものである。これに対し、民間は、複式簿記で長期にわたる資産の状況を管理していく。まずは、民間の財務を研究し、それを踏まえて、各課毎にその収入と支出の状況が分かり、かつ四半期毎に事業の進行状況がわかるような業務運営表を作成した。データは職員の負担を考え、できる限り、既存のデータから持ってこれるようにした。また、期間は四半期毎として、各所属とともに局の資料も作成するようにした。

こうして、ほぼ、知事の意向を受けた「見える化」の原案が年末にでき、知事、副知事、各局長等による政策会議で、全庁でのオーソライズを図った。すると総務局などから実施に強い懸念が示された。それは今までの行政の資料で十分ではないかとの考えに基づくものであった。本来、人事課、財政課、行政システム課が所属する総務局が行うべき事業であるのに、こちらの苦労も知らないでと正直思った。

平成二五年となり、細部を詰め、いくつかの所属に協力を求め、実際に試行をしてもらい、その結果を受けながら改良に努めた。二月になり実務レベルの総務課長会議で実施案を図ったところ、各部から、実施する意義が分からない、しくみが分かりにくいとの強い懸念が示され、会議は紛糾した。会計局の担当職員には新しい取り組みで大いに苦労をかけたが、庁内からは「よけいな仕事を会計局がやっている」との非難も受けていたようである。さまざまな意見を整理したうえで、二月の政策会議に諮り、担当副知事から担当する会計局の労を認めつつ、庁内で一緒に取り組んでいくことが確認された。

さらに改良を重ねるとともに、各所属で分かりやすいようなマニュアルも作成し、年度末の三月二七日に実施の記者発表を行った。

それ以降、本県の各所属の事務の進展については、四半期毎にこの「会計の見える化」により県民にホームページで明らかにしている。興味があれば、是非、神奈川県のホームページでご覧いただきたいと思う。県の全所属の進行管理がわかるようになっている。

もともと、公会計は民間の会計のように資本を投下して、その中から利益を上げて財務を整理していく会計ではない中で、公共の業務を資産と損益に分けるのは、無理である。しかし、少なくとも、その考え方を生かして、各課がどのような収入を生み、人件費等どのような支出が生じるのかを各四半期毎に県民に示すことは透明性の確保の点からは、効果があると思う。また、積極的に各課の事業を県民に知ってもらうのによいツールではないかと思う。

今後、東京都などで実施している、民間の会計の考えを取り入れた新しい公会計制度が、全国の自治体で実施されていく予定である。この「会計の見える化」は、簿記や民間の財務に疎かった県の幹部や職員にその最初のステップを示したものとしても、意味があったのではないかと思う。

③公契約条例の検討

景気が悪く、県や自治体が行う公共事業や委託事業などで、十分な賃金が得られず、いわゆるワーキングプアが発生しているという指摘が従前からなされていた。このために、労働者の賃金に一定の縛りをかける公契約条例が平成二一年度に千葉県の野田市を皮切りに、平成二二年度以降、本県の川崎市、相模原市、厚木市で相次いで制定されてきた。

こうした動きの中で、都道府県レベルで検討を行う必要性が県議会で議論され、平成二五年度には本県で関係者を集めて検討することになった。この関係部局は、公共事業で県土整備局、清掃等の委託事業で会計局、労働者の賃金の関係から商工労働局であった。自分は、こうした会議の調整に慣れており、また、県土整備局と商工労働局のスタンスが相違する中で、中立的な立場でもあり、主体的に事務局を行うことにした。正直、他の部局では大きな混乱を招き、かえって時間がかかると思ったからである。

委員長には、横浜国大大学院の小池治教授をお願いし、労働者側には横浜弁護士会の小林周一弁護士、連合の林克己幹事長、事業者側としては建設業協会の渡邊一郎常任理事、ビルメンテナンス協会の高橋俊樹理事にお願いした。最初からスタンスが異なり、特に建設業界の状況から反対する事業者側委員と労働者サイドからの意見を持つ委員等が対立した。しかし、委員長の采配や各委員の人柄もあり、意見は対立するものの感情的にはならず、それぞれの立場を尊重した議論が行われた。

当初の五回の協議会ではまとまらず、六回開催して、結論的には両論併記の形での報告となった。県という広域団体が検討するのでは、対立するさまざまな意見をまとめることはできず、こういう形になるのは、やむを得ないと思った。賃金の実態等が変化し、建設業界の人手不足などから待遇が変化しつつあることも、要素になったと思われる。

また、事務局の中でも部局のスタンスの違いが目立ってきた。特に報告書をまとめる段階では、そうした動きが顕著となった。全体のルールを無視するような個別な動きもあったが、公平さを欠き、収束がつかなくなるので、私の方で調整を図った。〔参照　巻末の著作論文5・6〕

◆コラム14　私の交友

県庁に入った昭和五二年当時は就職難であり、ユニークで優秀な人材が多かった。そんななかで、同期で仕事の終わった後に、野毛に飲みに行ったり、また、冬にはスキーや夏にはキャンプなどで楽しく遊んだ。そういう友人たちとは、家庭を持ち、だんだん、年数が経ってくると集まる機会がなくなってくるが、会えば、昔に戻ってなつかしい。

その中で、同期の荻野滋さんは、一つ年上のせいか、落ち着いた雰囲気であったが、酒を飲むと愉快で、うまい酒が飲める貴重な友人であった。一緒に良く旅行したりしたが、大きな仕事が終わるとまずは、一緒に飲みたい気の置けない友人であった。仕事も優秀だが、えらぶらない人で部下にも親しまれていた。しかし、四〇歳前半の人事課勤務当時、肺を患い、しばらくの入院生活の後、まもなく亡くなってしまった。ぽっかりと穴が開いたような悲しみにとらわれ、ショックが大きかった。荻野さんのお墓は川崎市鶴川のお子さんの小学校を見降ろす場所にある。毎年、命日の年の暮れに友人たちと奥さんを訪ね、お墓参りに行っている。荻野さんがいれば、その後の役所生活でもいろいろ相談に乗ってくれ心強かったのにと思う。

同期の友人たちとは、皆で集まる機会は少なくなったが、機会があれば気の置けない友人たちと飲み語っている。

県の友人以外では、英語教室で共に学んだ、県内で企業を経営していた戸原肇さんとは一緒にラスベガスに遊びに行った。その後も二〇年以上、県庁の友人を交えて交流が続いている。よく、お役所仕事だとの苦言をいただきながら、言いたいことを言い合っている。

退職後は、自分の生活の中で、友人の大切さがよく分かる。一緒に遊んでもらえる友人は貴重である。こうした意味では、県庁時代のスポーツ課、県土整備局、会計局の部下たちも、よく飲み会に誘ってくれ有難い存在である。

また、廃棄物時代の課長連中（横浜市の伊藤さん、川崎市の漆畑さん、横須賀市の圓谷さん）とは定期的に情報交換を行っているが、その多才な生き方に感心させられる。さらに退職直前に知りあった県内の会計局長（横浜市の青木さん、川崎市の森下さん、相模原市の加藤さん）とは、毎回、野毛の飲み屋を散策している。

ランニングでは、県庁の中で構成する駅伝チーム「山手漫遊会」のメンバー（岡見さん、飯塚さん、開元さん）とも三〇年間もの長きにわたって走り続けている。すっかりおじさんチームとなったが、いまだ、若手チームに伍して力走を続けている。また、県庁の「かもめ走友会」のメンバーは、退職後も、ハイキングや飲み会と楽しいひと時を過ごさせてもらっている。特に退職された鈴木さん、南雲さん、友井さん、菊田さんは今でも元気に日本全国を走っており、大きな励みになる。こうしたランニング仲間は素朴で、それぞれの方法でランニングを楽しんでおり、一汗かいた後、一緒にビールを飲み語り合うと心が和んでくる。

このほか、スペイン語の教室の仲間たちとも、毎週の勉強会とともに、教室を離れて食事会などで、石川菊枝先生とともに年齢も職場も異なる同士で楽しいひと時を過ごさせてもらっている。それぞれは、カルロス、ファン、マリア、シャキーラなどのスペイン人の愛称で呼び合っている。自分はパコでスペインではありふれた名前で「つ

スペイン語教室

まらない男」という意味もあり、妙に気に入っている。

こうした友人たちは、退職後も貴重な仲間であり、今後もお付き合いを大切にしていきたい。

（3）退職に際して

こうして、最後のポストである会計管理者・会計局長の仕事は波乱の中で、二年の歳月の中で終わった。地味な守りのポストであったが、何度かフリーキックを蹴る場面はあったと思う。少なくとも、仕事は逃げない、真っ直ぐにぶつかっていくという姿勢はとれたと思う。

会計局の職員にとっては大きな刺激と負担になったと思う。特に「会計の見える化」と「公契約条例」の担当職員には、大きな負担になったと思う。「会計の見える化」では、会計課が実務を進める中で、各部局からの反発が強く、なかなか円滑には進まなかったと聞かされている。こうしたシステムは初めてのことであり、細部の詰めも難しいことがあったと思う。また、公契約条例の検討も、調達課が短期間に多くの調査を行いながら、他局をまとめ協議会の進行を進めるという困難な仕事であったと思う。

また、包括外部監査などで入札方法の不適正が指摘された時も、全庁調査やその対応など、会計局が主体になって全庁を指導していった。時間も限られてスタッフも少ない中で、関係する指導課の職員は大いに汗をかいたことと思う。

最後の二年も自分のやり方は変えなかった。忙しいからこの程度で許すということはしなかったので、さぞかし、職員は困ったと思う。もちろん、自分でできることは自ら、部局の調

会計局のスタッフたちと

整をしたり、資料の作成をしたりしたが、スケジュールを変えることはしなかった。比較的、受け身的な業務に慣れていた会計局の職員には、戸惑いや負担感が多かったと思う。ただ、会計局が前面に立ち全庁指導をしていくことには今まであまりなく、充実感も少しはあったのではないかと思う。

年度末になり退職の時が近づいてきても、こうした事業の進行に追われ、あまり、感慨にふける余裕もなかった。時たま、忙しい合間を縫って、執務室から日本大通りの並木を眺めたりしていた。銀杏の木々に新緑が芽を出すころには、ここにはいないのだと思った。いくばくかの寂しさは感じたが、大きな解放感も感じていた。

県を退職するに関して、当初、自分で何

か事業でも行おうと考えていたが、知事から、従前からいろいろと縁のあった県の第三セクターである「(株)湘南なぎさパーク」を紹介され、その経営の道を歩むことになった。

第2章　地方自治の諸課題について

1　第三セクターの事業譲渡

一九八〇年代から九〇年代にかけて、いわゆる民活法（一九八六年制定）やリゾート法などの影響を受けて、全国で多くの第三セクターが誕生した。社会資本の整備を民間の活力を活用しようとするものである。これにより、福祉や教育、さらには観光・リゾート分野において、最大で七七〇〇もの財団法人や株式会社が設立した。こうした団体には、自治体から出資、補助金、貸付金などの財政支援とともに、資金の調達については、自治体の裏付けとして債務保証、損失補償がされていた。

こうしたなかで、観光事業に失敗する団体が多く発生し、北海道の夕張市の地場製品開発会社などのように自治体の財政破たんにもつながった。

そのため、総務省は、自治体の経営改善のために、平成二一年四月に「地方公共団体の財政健全化に関する法律」を制定し、第三セクターの負債や赤字を明らかにし、解散等整理について地方債を発行することになった。

ちょうど、こうした折に、神奈川県では、県と横浜市、川崎市が設置した廃棄物処理施設を経営する「神奈川廃棄物処理事業団」の経営が行きづまり、その経営改善を行うとともに、施設の売却を行った。

経営改善では、まずは、搬入物の確保を目指したが、ちょうど、リサイクル法が浸透する時期であり、また、周囲に大型の処理施設がいくつもでき、経営改善をするには至らなかった。

譲渡については、悪戦苦闘したが、結局、14億円を超える価格で買い取られ、訴訟にも勝利し、銀行との交渉も利子が数百万円で決着した。また、財団の職員も雇用が継続され、施設の役割として適正処理も継承された。こうして、万事、うまく対応ができたが、そのポイントは四点ほどあった。

まずは、事業譲渡に至る段取りをしっかり立てることである。それには、基本的な方針をしっかり立て、計画的な進行管理に努めることである。トップダウンの重要な案件であり、知事の決断は迅速で明快であったが、実際には、関係する横浜市、川崎市との調整になかなか手こずった。

次に、買いやすい条件を付加して、良い条件で買い手を探し、入札にかけることである。これは、神奈川県廃棄物処理協会の協力をいただきながら、売却先は自分の足で探し、ＰＲに努めた。また、公共の信用性を生かすとともに、施設の利用期間の延長や、取扱い品目の拡大など条件を整備していった。

さらには、基本的な知識をしっかり整理し、重要な事項性は弁護士、公認会計士などの専門家に確認をとることである。通常の行政と異なる分野であり、また、破産手続きや譲渡については契約について専門的な知識、経験を要する。

最後に、職員の健康維持である。私は幸い、素晴らしいメンバーと仕事ができた。しかし、日常のストレスは大きく、外部の業者、銀行、自治体との交渉はもとより、行政内部の財政当局や場合によっては、組織の上層部との調整に骨が折れた。毎日、行き先が見えず、議会のみならず上司からも責められ、登庁するのが毎日、苦痛に感じた。それは、部下の方が大きいはずで、リーダーが暗い顔をしても始まらない。何とかなるさの気持ちで、たまには、一緒に羽目をはずすことも必要と思う。なかなかできない得難い体験であると前向きに思えば、苦労も経験と変わる。

＊参考図書　入谷貴夫『第三セクター改革と自治体財政再建』自治体研究社

2　廃棄物行政とは

廃棄物行政は、自治体でも市民の日常生活の密接にかかわり、環境への負荷が大きく、首長の進退にかかる問題も多く、難問の一つだと思う。従前は、社会は生産第一主義で廃棄物には目が届かず、不法投棄が横行していた。近年は、行政もその対策を整え、廃棄物処理法による罰則の強化や、監視体制の強化、マニフェストなどのシステムの整備により、大分落ち着いてきた。また、ダイオキシンの発生など、ごみの焼却についても問題が多かったが、焼却炉の施設の基準の強化などにより、対応が図られた。今日では、各種のリサイクル法が整備され、ごみになる前にリサイクルによって発生を抑制する動きが定着した。また、アスベストやＰＣＢなどの処理困難物も計画的に適正処理されるようになってきた。

これらは、市民の協力なくしてはできず、また、市民の意識も毎日出るごみだけに非常に関心が高い。私も三年間ほど、廃棄物対策課長を経験したが、いまでも家庭の中では、朝のごみの担当であり、いつまでも廃棄物対策家長である。

平成一七年度から二〇年度までの課長在職中は、ようやくリサイクル法の整備がされたころであったが、まずは、茅ケ崎市内の不法投棄物を県が直接処理する、行政代執行を実行した。また、山林や海岸など、本県の美しい自然を破壊する不法投棄の撲滅をめざし、廃棄物条例の制定を行った。さらに、県民とともに運動することが重要であり、市民・ＮＰＯ・企業等と海岸清掃などを行う「ビーチクリーン」運動を行ったりした。

広域団体である県としては、市町村との連携が重要であり、一般廃棄物の広域処理について、他の市町村との調整が困難な自治体については、積極的に調整を図っていった。また、事業者との連携も重要であり、産業廃棄物協会の理事長をはじめ、関係者とは一緒に不法投棄防止の運動を行った。

現在では、従前ほど大きな社会問題にはならないものの、廃棄物の問題は常に内在している。むしろ、法律の整備、体制の整備は行われたものの、本来の適正処理が継続するかは、今後にかかってくる問題だと思う。新たに製品が開発されても、全てにおいて製造者責任が徹底されず、結局は、末端の自治体である市町村がその処理を負う体制は変わっていない。。すると、どうしても対応が後手になり、問題が発生してからの対応となる。今までの、アスベスト、ＰＣＢなどの苦い経験を生かし、製造者責任を徹底した、廃棄物の抜本的な対策が必要と思われる。

＊参考図書　田中勝『新・廃棄物入門』中央法規

3　入札にからむ諸課題について

自治体が道路や河川の工事を行うとき、また、建物の保守や清掃を委託する場合に、事業者を選定するには、一般的に入札が行われる。公共工事や委託事業の金額は多額であり、地元の企業に与える影響は大きい。また、事業者の選定を巡っては、選定者の裁量が及ぶと汚職など社会的な大問題となることが昔から多く、その手続きは、透明で公正でなければならない。

奇しくも、最後の時期に県土整備局と会計局でその業務に深くかかわった。入札制度は、これまで国や自治体でゼネコン汚職など大きな事件などが起こるたびに制度改正がなされてきたが、現在もさまざまな課題が生じている。それは、大きく分けて二つあり、一つは現在の入札制度がもたらす課題であり、もう一つは、現在の社会状況から新たに生じる課題である。

先の課題としては、もっとも大きなものは、自治体が設定している最低制限価格の問題であろう。これは、入札の競争を無条件に行うと、価格競争が過剰に行われ、品質の確保、事業者の経営という面で問題を生じるので、地方自治法で認められている競争の制限で、一定の割合

（本県では、委託等が80％、工事が90％）を下回ると業者が失格になる制度である。この割合を低くすれば、自治体の経営にはプラスになり、高くすれば事業者が潤うことになる。自治体は財政運営とともに、地元事業者の育成も公共的な要請であり、最低制限価格をどのような規模の工事や委託事業に適用するか、自治体の判断となる。また、業者はこの割合ぎりぎりに札を入れてくるので、工事のように一定の基準で算定価格が見込めると、各事業者が同じ価格で入札し、くじ引きで選定しなければならない事態となり、実質上、競争が行われない事態ともなる。

さらに、実務の問題として、入札の手続に瑕疵が生じたり、算定価格を誤ったりするような違算の問題が生じることが多い。これは、手順や算定方法が複雑になっているのに対し、職員の人数が限られたり、また、十分な研修を行えない自治体の事務の問題もある。

次に、現代的な課題としては、競争が激化し低い入札価格によってワーキングプアが発生し、労働者の十分な賃金が確保されない弊害が指摘されている。このため公契約について、一定の価格基準を設ける公契約条例の制定が求められている。これは、現在、千葉県の野田市や、本県の川崎市、相模原市などの市町村が制定しているが、県レベルでは、神奈川県が平成二五年度、外部の有識者や関係者による協議会を設置して検討を行った。その結果、工事については、見解が大きく分かれ合意を見ることができず、また、清掃などの委託については、低価格の実態が明らかになり、今後、対応を検討することになった。愛知県や長野県などでも同様の検討が行われているが、広域団体である都道府県では、関係機関の合意は難しく、現在のところ、市町村のような一定の賃金水準を確保するような公契約条例を制定する動きはない。

また、他方、自治体の経営が苦しいなかから、物品の調達などにおいて、最低制限価格を設けず、インターネットにより価格競争を行うリバースオークションの実施が注目された。本県においては、平成二三年度に県土整備局が太陽光発電の装置で試行した。物品の購入について、会計局で平成二四年度から試行し、平成二五年度から、1000万円以上の物品の購入について本格的に実施した。その結果、二年間で約8億円の経費の削減効果が得られた。対象品目によっても効果が異なり、また、中小企業への影響等を十分踏まえる必要があるが、実務レベルで対応が可能となった。

*参考図書　公共工事入札制度運用実務研究会『公共工事入札制度　運用の実務』ぎょうせい
鈴木満『談合を防止する自治体の入札改革』学陽書房

4　道州制について

近年、道州制の議論が多く語られ、選挙などでも公約に掲げる政党もある。道州制は、現在の市町村、都道府県という二重の自治体制度から、都道府県をまとめて、道州にして国の権限の委譲と自治体行政の効率化、広域化を図ろうとするものである。

本県でも、議会などで議論されることがあるが、これについては、いくつかの課題がある。まず、現実の問題として、道路行政、労働行政、運輸行政など国の権限の自治体への移管が全く進んでいないことである。

総論では住民の生活にかかわることは、自治体にといっても、バスの許可であっても、労働行政であっても国は権限を離そうとしない。また、自治体としても、都道府県と政令市で権限が分かれている中で、どこまで道州に権限を付加するか、見解はまとまりにくい。

また、そもそも、出発点は住民が道州制を望んでいるかである。都道府県へのアイデンティティーは、スポーツの世界の甲子園大会や、お国自慢ぶりを見ていても感じられるが、道州などのイメージは希薄である。特に、関東においては、薄い。自分も埼玉県や千葉県といっても、茫洋としてイメージを持ち合わせていない。

地方自治は当然ながら、住民自治が基本であり、住民の意識が希薄な単位を上からまとめても、無理である。もともと、これは経済団体から強く要請が強いが、国の権限移譲は現在の制度の中でもできるものである。都道府県制度は、明治時代に廃藩置県で上からまとまられてきたものであるが、それなりに地域的、歴史的な結びつきがあった。道州制は、それが九州や東北地方を別にすれば、無理にまとめて行くイメージが強い。

私は、道州制よりも、現在の都道府県制度の中で、交通や河川管理など広域的な行政ニーズによっては都道府県が連携して行くのが現実的であると思う。実際に、本県・山梨県・静岡県と観光、防災などで連携しているが、こうした隣県との協力関係を広めて多角的に問題に対処していけば効果的ではないかと思う。本県の場合、東京を越して埼玉県、千葉県といっても地理間、現実感がなく、関東地方全体の課題はすでに関東知事会や9都県市の会議などで対応が可能であると思う。

国の権限移譲や、それに伴う職員の地方への移管は、個別の行政分野の問題として、しっかり対処していく問題である。それが、住民のサービス向上や行政の効率化を図るために、不可欠であるならば、各省の判断に任せるのではなく、国としての責任を持った決断と実行が必要だと思う。

＊参考図書　西尾勝『自治・分権再考』ぎょうせい

遠藤宏一・亀井孝文『現代自治体改革論』勁草書房

5　都道府県と政令市

神奈川県には、政令市が横浜市、川崎市、相模原市と三つもあり、人口９００万人のうち、三分の二を占める。おそらく、全国の中でも最も、政令市の割合が高い都道府県ではないかと思う。政令市制度は昭和二〇年代前半に、特別市構想で都道府県から独立して自治を行おうとしたところ、それでは広域団体としての行政ができないという都道府県の主張を受けて、その間を取り、一定の業務については都道府県と同様の権限を持つものとして成立したものである。

本県行政のなかでも、都市計画といった街づくりから、福祉、環境、教育といった生活面にわたって、都道府県と同様の権限が付与されている。したがって、政令市の身近な行政のなかで、都道府県がからむ範囲は、非常に限られている。このことをもって、政令市は都道府県から離れようとするが、実際、行政に携わってみると、政令市だけで解決のつかない問題は多い。たとえば、水や大気の環境問題にしても、その市域だけで解決するものでなく、広域的に解決が求められ、また、市町村間の調整も必要である。

廃棄物行政でも、不法投棄は市町村で指導を強化しても、県域全体で行わないとそのひずみは他の自治体に波及する。また、水源確保にしても、たとえば横浜市だけでできるものでなく、水源地域の市町村を含めて、対処していかねばならない。よく、横浜市は山梨県の道志村との連携を強調するが、横浜市民の飲み水のほとんどは、丹沢などを源とする県内の相模川、酒匂川を水源とするものであり、県内の環境保全なくしては水道事業は成り立たない。

また、行政では市町村単位でなく、新たにエリアを越えて発生する問題も多く、そうした場合に市町村間を調整し、国との調整を図るのも県の仕事になる。基地問題や防災関係などもこうした意味で、市域だけでは成り立たない。

現実に、政令市の職員と仕事をやってみて、県に反発を感じ県の行政に批判的な職員も中にいるが、多くは行政の必要に応じて柔軟に調整に応えてくれる職員であった。実際に、広域調整というのは難しいもので、市町村全体が納得するのはなかなか難しい。政令市などが自分の市域だけを見て、独善的なことを言うのを聞くと、勝手なことを言っているなと思うことが多々あった。仕事をまじめにやれば、県の職員は人間的に我慢強くなるものである。いわば、苦労の多いとりまとめの長男の立場か。ただし、なかには傲慢な長男もいるかもしれないが。

自分は、スポーツ行政、廃棄物行政、会計業務と仕事をやっていく中で、政令市の職員と比較的仲良くやらせていただいた。要は職員同士は、同じ地方自治にかかわる仲間とみることが出来るかどうかの、度量にかかっているのだと思う。

今後の県と政令市の業務は、県は国からできるだけ業務の委譲を受け、生活関係の業務は政令市に委譲をさらに進めることが適当と思う。また、同じエリアを支えていく自治体職員として、県と政令市の職員の交流を拡大していくことが望ましい。広域団体である県と、総合的な行政が可能な政令市が歩調を合わせることにより、地域住民の生活は守られていくものであると思う。

＊参考図書　磯崎初仁・金井利行・伊藤正次『ホーンブック地方自治』　北樹出版

6　地方自治制度について

最後に、地方自治のその後の動向について、自治制度の動きと自分なりの考えについて述べてみたい。

一九七〇年代半ばの「地方の時代」は、今までの中央主権から地方分権、画一から多様への住民が主体となった地方自治を提唱したものである。公害の防止や環境アセスメントなどの環境行政、福祉行政の展開など住民の生活権を守る政策が東京都、横浜市、神奈川県など革新自治体から広まっていった。また、こうした動きは国の施策や法律にも取り入れられていった。その後、一九八〇年代半ばには地方財政が厳しくなる中で都市経営型の地方自治が進められていった。本県も長洲知事から実務型の岡崎知事へとバトンタッチがされた。

その後は、国による地方制度改革が中心となり、一九九九年の地方分権一括法により、機関委任事務が廃止され、地方債の許可制の廃止などの一定の制度改革は行われた。さらに、国の財政危機と併せて三位一体改革が二〇〇三年に行われたが、国庫補助金の廃止・削減、税源移譲、地方交付税改革がお題目となったが、実際には税源移譲として所得税譲与税等があったものの地方交付税と臨時財政対策債を合わせて３兆円近くの削減がされ、地方財政は更なる困窮を極めた。

また、合わせて平成の大合併について、地方分権一括法で方針が示され、二〇〇四年三月には３１７９市町村だったものが、二〇〇六年三月末には１８２２市町村と激減した。これに合わせて地方制度調査会で都道府県を９から13の区域に分ける道州制の導入が答申された。

こうしてみると、一九七〇年代に「地方の時代」と高々に提唱されたものの、その後は、現実の自治体経営に追われ、また、地方財政制度が厳しくなる中で、少子高齢社会で大きく保健福祉の業務が増大するなど、自治体の主体性が十分発揮できる状況にはなっていない。さらに、今後、財源不足の中で人口減という新たな課題に巻き込まれている。

私は、「地方の時代」の理念のそのものは、あくまで自治体の住民自治が主体であると思う。そうした面で県や市町村間の権限の問題はその趣旨から離れたものであると思う。市町村制、政令市制度、道州制もそれぞれの住民の立場から構築されるべき問題と思う。その後の地方自治改革は、国の財政問題や地方経済の活性化など、住民自治とは異なる視点から構築されたものでないかと思う。さらに少子高齢化が進み、自治体の福祉についての役割が不可欠になった現在において、かえって自治体経営は疲弊してきていると思う。

また、国の財政危機の帳尻合わせのような動きの中で、地方交付税も本来の収入でなく、臨時財政対策債などの地方債となっている。これは、地方財政の大きな柱である地方交付税の実施的な地方債化であり、自治体は長期的な展望に立った経営が困難となる。たとえば、社員の給料を半分しか払えないから、その残りは銀行から借りたら良い、保証は会社がしますからと言われたら将来を見据えた生活設計はできるであろうか。社員が長期的な展望に立ち、貯金をして家などの購入や子供の学資をためておけるか考えてみればよい。

こうして、四〇年余りの地方自治を展望してみると、制度的な問題とされた機関委任事務、地方債の許可制度、国庫補助金などが廃止ないしは改善が進んだ点は一定の進展があったといえる。しかし、自治体が本来自ら政策を進めるために不可欠な財政自治権は大きくゆがんだものとなっている。新たな施策というよりは目の前の、福祉、衛生、教育や防災などの差し迫った課題に汲々としているのが地方自治体の実態と思う。

ただし、本来の住民自治については、幅広い活動を展開するＮＰＯの活動の定着など、市民層は大きく広がったと思える。自治体の担い手は広まったといえる。地方自治は、あくまでの住民が生活のなかでの問題について、主体的に考え、活動していくことから始まる。そうした問題に対し、集権的・画一的な国の施策とは異なる多様な対応を求める素地は整っているのではないかと思う。

そうした意味では、地方自治は中央（国政）以外のもう一つの選択肢として息づいているのだと思う。たとえば、神奈川県が展開していた民際外交の考えは、国同士の外交以外にも、市民同士の交流があり、そうしたそれぞれの文化・生活の違いをお互いに理解した交流が国を超えた梯になるとするものである。今日の中国や韓国との硬直化した国同士の外交を見ていると関係改善は難しそうである。しかし、中国人も韓国人も日本人もお互いの生活の中では十分に分かり合い理解できるものである。こうした複合的な関係を保つことが国際理解や平和につながるものであり、今の時流にも十分適うものである。

地方自治は住民の主体の中で、施策にさまざまなバリエーションを持つことができ、それは、大きな困難な問題が発生した場合において、問題解決の選択肢や支えにもなる。地方自治の健全な発展は、住民・国民にとって、より豊かな生活の実現に欠かすことができないものである。

＊参考図書　杉原泰雄『地方自治と憲法論』勁草書房
　　　　　　宮本憲一『日本の地方自治その歴史と未来』自治体研究社

むすびに

三七年間の仕事の思い出を綴ってみると、今更ながら、悪戦苦闘の日々ではあったが、微力ながらも神奈川県に少しは貢献できたかなとも思う。子供のころから遊び場であった青少年センターや、勉強の場であった県立図書館など神奈川県とはもともと縁が深く、文化的で住みやすく、丹沢の山々や湘南の海など美しい自然が残っている郷土に少しは役立つことができればと思ってきた。

自分は生き方がやや不器用で、もっと柔軟にしたたかに生きていたら世の中ずいぶん楽であったろうと思う。もともと、何事でも逃げを打てず、うまいお世辞やほめ言葉は得意とするところではない。高校の漢文で覚えているのは、「巧言令色、鮮し仁」である。平成一〇年ころ、当時の横綱貴乃花のファンであったが、特に曙との相撲は、常に真正面からぶつかり逃げなかった。相手は２００キロを超す大男であるが、常に真正面からぶつかり、時には勝ったが、粉砕されることも多かった。その取り組みを見て日本男子として熱くなったものである。

困難な問題にできるだけ前向きに進んでいったつもりだが、仕事に集中するあまり、上司などに気を配ることが少なく、周辺の人にも迷惑をかけたこともあったと思う。幸い、多くの方々の力をいただき無事に勤めることができ、深く感謝したい。普段、走っていてつくづく感じるのは、逆風の時は風を強く感じるのに、順風の時は感じず、走りが軽いのは自分の力だと思ってしまうことである。人生でも、うまくいっていない時は必要以上に逆境を感じ、うまくいっているときは知らずに人の力によっていることが多いのではないかと思う。そうした意味でも見えない多くの人に支えられてきたのだと思う。

長い間、仕事をやっていくなかでは、人によっては気持ちが通ぜず、中身がなく要領がいい、やり方が卑怯だと思うこともあった。しかし、世の中はいろいろな人がいるから面白いのだと思う。誠実な人のみならず、権力志向の人、計算高い人、要領ばかりいい人もいて、世の中は成り立っているのだろう。あるいは誤った一面的なとらえ方をしていたかもしれないが、お許しいただきたいと思う。

現在、藤沢市にある「(株)湘南なぎさパーク」で湘南海岸や江ノ島で駐車場を運営し、江の島の湘南港や県立湘南海岸公園を管理する事業を行っている。会社経営という経験したことのない仕事であるが、県行政三七年間で学んできた、財務、人事管理から、イベントの実施、事業譲渡など、さまざまな経験や知識が大いに役立っている。経営を始めてから一年近く経つが、当初、赤字であった経営も積極的な事業展開や、入札方法の合理化等による経費の節減、そして社員それぞれの尽力により、黒字となり順調に進んでいる。公務員生活で苦労して培ったノウハウ、経験は民間会社の経営にも十分通用するのではないかと思っている。

ともあれ、三七年間の神奈川県での仕事の引き継ぎ書ができて、一つの区切りができたと思っている。これからは、更にさまざまな悪路に挑戦して自分を磨いていきたい。体は一部ガタがきているが、幸い、本体のエンジンはまだ丈夫である。だんだん年気の入った中古車となってきたが、まだ、走れるうちはさまざまな道を走り続け、少しでも社会や人に役立つことができたらと思っている。

著作論文

1　第三セクター等の解散に向けての考え方と実践
二〇一〇年一二月　地方財務協会

2　地方自治体における公共事業の入札の現状と課題
二〇一二年四月「公営企業4月号」地方財務協会

3　リバースオークションの試行結果について
二〇一三年三月「公営企業3月号」地方財務協会

4　超低金利下での会計管理者の保管現金の運用
二〇一二年八月「地方財政8月号」地方財務協会

5　公契約をめぐる現在の状況
二〇一三年一〇月「公営企業10月号」地方財務協会

6　公契約条例についての神奈川県の検討
二〇一四年八月「公営企業8月号」地方財務協会

●著者プロフィール
野沢　俊（のざわ　たかし）

1953年5月22日	横浜市生まれ。
1977年3月	一橋大学法学部卒業。
同年　4月	神奈川県庁入庁。 同県スポーツ課長、廃棄物対策課長、参事（廃棄物担当）、県土整備局企画調整部長、会計管理者（会計局長）等を歴任。
2014年3月	神奈川県退職。
2014年6月～	(株)湘南なぎさパーク代表取締役社長。

●イラスト
吉田　亜子

地方の時代の引き継ぎ書　―神奈川から全国の公務員のために―

発　行　2015年5月30日　第一版発行
著　者　野沢　俊
発行者　田中康俊
発行所　株式会社湘南社　http://shonansya.com
神奈川県藤沢市片瀬海岸3-24-10-108
TEL　0466-26-0068
発売所　株式会社星雲社
東京都文京区大塚3-21-10
TEL　03-3947-1021
印刷所　株式会社シナノパブリッシングプレス

ISBN978-4-434-20674-0　C0036

売上の一部は、東日本大震災の被災地 福島県に寄付させていただきます。